Edition Akzente
Herausgegeben von
Michael Krüger

Vilém Flusser
Dinge und Undinge

Phänomenologische Skizzen

Mit einem Nachwort von
Florian Rötzer

Carl Hanser Verlag

ISBN 978-3-446-23940-1

Umschlag: nach einem Entwurf von Klaus Detjen
unter Verwendung von Radierungen
von Daniel Chodowiecki (1779)
Satz: Friedrich Pustet, Regensburg
Printed in Germany

Inhalt

Dinge in meiner Umgebung

Manche Dinge in meiner Umgebung sind mir nicht ganz geheuer. Sei es, weil ich mich ihrer zu bedienen scheine, aber in Wirklichkeit weiß, daß ich sie bediene. Sei es, weil diese Dinge mir offensichtlich zur Verfügung stehen und mir auch offensichtlich zur Verfügung gestellt wurden und weil ich auch tatsächlich über solche Dinge verfüge, ohne dabei mehr als eine sehr verschwommene Kenntnis von ihrer Funktion zu haben. Und zwar weiß ich dabei weder genau, wieso sie funktionieren, noch, wozu sie funktionieren. Sei es, schließlich, weil diese Dinge eine hohe innere Komplexität zu haben und Resultate einer hohen geistigen Disziplin zu sein scheinen, die in gar keinem Verhältnis zu ihrer äußerst armseligen, um nicht zu sagen, beinahe idiotischen, Leistung stehen. Diese Ungeheuer unter den Dingen in meiner Umgebung lassen sich unter dem Sammelnamen »Apparate« fassen. Dazu gehören zum Beispiel, um nur einige zu nennen, das Fernsehen, das Auto, das Tonband und, um auch eine andere Spielart zu Worte kommen zu lassen, der Führerschein und das Scheckbuch. Das Ungeheuerliche an diesen Dingen oder, um es noch unheimlicher auszudrücken: das nicht ganz Geheure, ist allerdings durch dicke Schichten der Gewöhnlichkeit dieser Dinge und der Gewöhnung an sie verdeckt und tritt meistens nur bei der Anstrengung zur Entfernung dieser Schichten zu Tage.

Andere Dinge in meiner Umgebung glaube ich verachten zu dürfen. Sei es, weil ich mich auf sie verlassen kann und sie auch tatsächlich periodisch verlasse, mit der Sicherheit, sie jederzeit an dem ihnen zukommenden Ort wiederzufinden. Sei es, weil ich sie verbraucht habe und sie darum beiseiteschob, ohne sie dadurch allerdings ganz aus meiner Umgebung entfernt zu haben. Sei es, weil ich sie gar nicht brauche, weil sie für mich überflüssig sind und nur so in meiner Umgebung herumstehen. Solche Dinge lassen sich unter dem allerdings äußerst verdächtigen Sammelnamen »dummes Zeug« fassen, wobei, wie man bei Büchern und Filmen zu sagen hat, »jede etwaige Ähnlichkeit mit Heidegger reiner

Zufall sein muß«. Zu dieser Art von Dingen gehört zum Beispiel die Zahnbürste, die zerbrochene Pfeife und der Brieföffner in Form eines türkischen Degens, und, um wiederum auch andere Spielarten zu Worte kommen zu lassen, die Mitgliedskarte und das Gebetbuch. Es ist sehr schwer, auf solche verächtliche Dinge zu achten, wiewohl eine innere Stimme zu warnen scheint, daß man sich vor ihnen in acht nehmen sollte.

Und dann gibt es Dinge in meiner Umgebung, welche ich schätze. Sei es, weil sie mir teuer sind durch den Aufwand an physischer, wirtschaftlicher, geistiger, emotioneller oder anderer Energie, die ich in sie investierte und die gewissermaßen in ihnen akkumuliert ist. Sei es, weil ich in ihnen einen ähnlichen Aufwand anderer, mir vielleicht nahestehender Menschen erkenne. Sei es, weil ich weiß, diese Dinge nur schwer oder gar nicht entbehren zu können. Diese mir teuren Dinge in meiner Umgebung lassen sich unter dem von der Tradition geheiligten Sammelnamen »Werte« fassen. Dazu gehören zum Beispiel mein Haus, das mir von einem Freund geschenkte Bild und diese Schreibmaschine und, um wiederum auch andere Spielarten zu Worte kommen zu lassen, mein altes unveröffentlichtes Manuskript, Shakespeares Sonette und die archaischen Tempel von Paestum. Eine der schwierigen Fragen bei diesen Dingen ist nicht so sehr, warum ich sie schätze oder wozu ich sie schätze, sondern, wie ich sie einschätze, das heißt: ob ich sie in eine Skala oder in Skalen einordne, und wenn, in welche. Eine andere Frage ist diese: Gibt es unter diesen »Werten« nur »Güter« oder auch »Böser«? Oder, um asketisch und orientalisch zu fragen: Sind etwa alle »Werte« im Grunde »Böser«?

Selbstredend gibt es in meiner Umgebung Dinge, die unter keinen der drei genannten Sammelnamen fallen. Vor allem die sogenannten »natürlichen« Dinge, also solche, für die sich die Naturwissenschaften interessieren. Es wäre Unsinn, von solchen Dingen sagen zu wollen, sie seien Apparate, obwohl ich mich ihrer bediene, ohne sie zu verstehen, und obwohl sie komplex sind, wie etwa ein Hühnerei oder ein Haushund. Oder etwa sagen zu wollen, sie seien dummes Zeug, obwohl ich sie verachte und sie für mich überflüssig sind, wie etwa ein

Spiralnebel oder der Geschlechtsapparat der Süßwasserpolypen. Oder sagen zu wollen, sie seien Werte, obwohl ich sie nicht entbehren kann, etwa die Luft und das Wasser. Ein dumpfes Gefühl sagt mir, daß ich mich, wenn ich einen solchen Unsinn rede, an etwas vergehe. Ungefähr: Ich vergehe mich, weil ich ungebührlich die Grenze zwischen »Natur« und »Kultur« überschreite. Also: Ich vergehe mich an der Natur, denn es ist ungehörig, in der Natur zum Beispiel von dummem Zeug zu sprechen. Und: Ich vergehe mich an der Kultur, denn es ist antihumanistisch und also mehr als ungehörig, zum Beispiel von einem Wert außerhalb der Kultur zu sprechen. Und doch: Ist die Grenze zwischen Natur und Kultur etwa klar erkenntlich? Und gibt es nicht allerorts Niemandsland und geheime Grenzübergänge?

Es ist eben so: Die Dinge in meiner Umgebung lassen sich nicht klassifizieren, und zwar aus zwei verschiedenen Gründen. Erstens lassen alle möglichen Klassen eine Zahl von Dingen überhaupt aus, und zweitens gibt es Dinge, die bei jeder möglichen Klassifizierung unter mehr als eine Klasse fallen. Das ist ein äußerst unbefriedigendes Faktum. Denn wäre eine, oder mindestens einige, Klassifizierung der Umgebung möglich, dann könnte man sich darin orientieren. So aber kann man bestenfalls versuchen, sich nicht ganz darin zu verlieren. Es ist klar: Die Dinge meiner Umgebung sind meine Bedingung. Was also äußerst unbefriedigend ist, das ist die menschliche Bedingung, die »conditio humana«. Und zwar nicht nur, weil ich mich in meiner Bedingung nicht zurechtfinden kann und also nicht abfinden kann mit ihr, sondern auch, weil ich mich eigentlich gar nicht in ihr finde, mich also nirgends befinde. Zum Beispiel nur: Ich befinde mich weder in der Natur noch in der Kultur, sondern vergehe mich ständig an beiden. Also: Bin ich natürlich bedingt, kulturell bedingt, von beidem bedingt oder teilweise unbedingt, da ich mich ja vergehen kann?

Das sind müßige Fragen. Und zwar sind sie müßig nicht nur, weil man sie in der Muße stellt, sondern auch, weil man sie stellen muß, um aus einer falschen Etymologie eine Tugend zu machen. Vor allem aber sind diese Fragen müßig, weil es ja eben darum geht, sich nicht mit der menschlichen

Bedingung abzufinden. Weil es ja, wie bekannt, nicht darum geht, die Welt zu verstehen, sondern sie zu verändern. Obwohl fraglich ist, wie eine Veränderung von etwas Unverstandenem ausfällt. Es geht also bekanntlich eben darum, eben unbefriedigt zu bleiben. Eine befriedigende Umgebung wäre ein Friedhof, und die Unbefriedigung des Menschen ist die Triebfeder der Geschichte.

Nun, die Gefahr einer Befriedigung scheint nicht allzu groß zu sein, trotz der Rede von der Nachgeschichte. Wie immer ich die Dinge zu betrachten versuche, zum Beispiel von den drei oben erwähnten Standpunkten, nie komme ich zur Ruhe. Ganz im Gegenteil, je mehr ich sie betrachte, desto unruhiger werde ich nicht nur für die Gegenwart, noch mehr für die Zukunft. Denn die Dinge in meiner Umgebung stehen nicht und bilden nur einen augenblicklichen Umstand. Sondern sie bewegen sich oder werden bewegt, und es gibt in meiner Umgebung immer Verschiebung. Mein Umstand verschiebt sich immer, und ich muß immer in anderen Umständen leben. Es werden immer neue Bedingungen geboren, und, was noch beunruhigender ist: immer neue Bedingungen sind in embryonalem Zustand in der Umgebung enthalten.

Zum Beispiel: Die Apparate unter den Dingen nehmen immer mehr überhand, und die Werte werden immer rarer. Das heißt, daß mir meine Umgebung immer weniger geheuer wird und daß ich sie immer weniger schätze. Oder: Das dumme Zeug in meiner Umgebung hat die Tendenz, zugleich ungebräuchlich und unverbräuchlich zu werden und also nicht eigentlich Abfall, sondern Müll zu bilden. Zum Verständnis meiner Bedingung ist also im Augenblick weniger eine Wertphilosophie als eine Philosophie des Apparats und eine Müllphilosophie geboten. Das heißt: zum Verständnis im Sinn von möglicher Veränderung der Bedingung.

Das ist also das Motiv der folgenden Versuche: Unter den drei erwähnten Standpunkten einige Dinge meiner Umgebung etwas näher zu beleuchten, um vielleicht etwas zum Verständnis und zur Veränderung unserer Bedingung beizutragen. Und wenn nicht dazu, so doch zumindest zu jener Vorstufe, die aus der leicht belustigten Überraschung besteht, im Gewöhnlichen und Gewohnten Unerwartetes zu entdecken. Das Motiv ist also nicht, Sensationelles zu vulgarisieren, sondern das Vulgäre zu entvulgarisieren (und zu sakralisieren?).

Flaschen

Getränke werden nicht mehr ausschließlich in Flaschen ins Haus geliefert. Milch zum Beispiel kommt oft in Papier verpackt, Bier in Metalldosen und Fruchtsäfte in plastischen elastischen Behältern. Und doch haben viele das Gefühl, daß die sogenannten »edlen« Getränke, zum Beispiel Weine und Liköre, an Adel verlören, wären sie nicht in Flaschen gehalten. Dieses Gefühl, wie so viele andere aus nicht voll bewußten Gegenden des Geistes sprießende, wird als vernünftig erklärt, zum Beispiel mit Argumenten, welche die Wirkung von verschiedenen Materialien auf aromatische Öle betreffen. Und wie es in allen ähnlichen Fällen zu sein pflegt, wie bei Versuchen der Rationalisierung religiöser Überzeugungen, politischer Ideologien usw., können diese Argumente nicht nur sehr gut begründet sein, sondern sich als fruchtbar für künftige Forschung erweisen und doch von dem Gefühl, daß sie zu erklären versuchen, vollkommen unabhängig bleiben. Im Gegenteil: Selbst wenn diese Art von Argumenten gegen die Flaschenverpackung von edlen Getränken spräche, oder überhaupt gegen edle Getränke, das Gefühl würde den Argumenten zum Trotz an Flaschen festhalten wollen und, selbstredend, an edlen Getränken. Wie ein anderes ebenso, oder noch viel vehementer, allen solchen Argumenten zum Trotz an seiner religiösen Überzeugung und an Religiosität als solcher. Dieses vorvernünftige, für Flaschen bei edlen Getränken sprechende Gefühl ist allerdings weniger gründlichen Überlegungen unterzogen worden als jene anderen vorvernünftigen Gefühle. Vielleicht mit Unrecht, wenn auch aus leicht ersichtlichen Gründen. Selbstredend scheint es bedeutsamer zu sein, sich mit religiösen Gefühlen statt mit solchen, die Flaschen betreffen, zu befassen. Und doch ist es nicht ausgeschlossen, daß gerade bei einem so wenig intensivem Gefühl, wie es das Flaschengefühl ist, denn es dürften nur wenige bereit sein, dafür sterben zu wollen, daß gerade bei einem solchem Gefühl sein vorvernünftiger Charakter leichter zu diagnostizieren ist als bei den anderen. So daß möglicherweise bei der Betrachtung des Flaschengefühls einiges zutage gefördert werden könnte, was zum Verständnis des religiösen und anderer Gefühle dienlich sein könnte.

Angenommen, man würde diesbezüglich einen Sekttrinker zur Rede stellen, und zwar einen, der gute Marken von weniger guten sehr wohl zu unterscheiden weiß, also Kenner ist, der sich aber nicht fanatisch an eine Marke klammert. Der also Sekt gründlich praktiziert, aber nicht orthodox ist. Wohlgemerkt: Nicht nach dem Sekt selbst, sondern nach Sektflaschen würde man so einen befragen. Er würde vielleicht, falls von der Frage überrascht, fürs erste den Flaschen keine besondere Wichtigkeit geben. Die Wichtigkeit muß bei dieser Frage selbstredend dem Getränk, nicht der Flasche, beigemessen werden. Allerdings würde er zugeben, daß die Flasche in der Regel ein Gefäß ist, das dem Sekt ausgezeichnet entspricht, und zwar in allen Aspekten, zum Beispiel die Form, die Dicke des Glases, der Korken usw. Diese ausgezeichnete Übereinstimmung würde er auf die jahrhundertealte Erfahrung der Sektfabrikanten mit Flaschen zurückführen, und er würde vielleicht, wenn ein wenig in die Ecke getrieben, eine Art Darwinismus zu dieser Erklärung heranziehen. Er würde sagen, weniger gut angepaßte Flaschen seien im Laufe der Zeit ausgeschieden worden und nur die besten seien erhalten geblieben. Aufgefordert, dies näher zu untersuchen, würde er vielleicht zugeben, daß es in diesem Sinn nicht eigentlich die Fabrikanten waren, sondern der Sekt selbst, welcher verantwortlich ist für eben diese Flaschen, denn er hat sie »gefordert«. So daß er nun auf einmal nicht mehr so sicher wäre, ob die Flasche tatsächlich so unwichtig ist oder ob nicht im Gegenteil gerade die Flasche das Wesentliche, oder einen Aspekt des Wesentlichen, des

Getränkes zum Ausdruck bringe. Es hat nämlich gewissermaßen der Geist des Sekts über der Entwicklung der Flasche gewaltet. Würde man nun etwa vorbringen, daß dieser Geist nicht sehr klug zu sein scheint, da ja bekanntlich das Sektflaschenöffnen eine ziemliche Schwierigkeit darstellt, würde er, nach kurzer und etwas verdutzter Überlegung einwenden, gerade diese Schwierigkeit entspreche eben dem Geist des Sekts. Wäre sie durch die gegenwärtige Technologie überwunden worden, dann wäre etwas vom Geist des Sekts verloren gegangen.

Natürlich läßt sich hier einwenden, daß das Interview mit dem Sekttrinker absichtlich so geführt wurde, um die Parallele zur Religion vor Augen zu führen, also mit einem Hintergedanken. Dies sei zugestanden, aber mit der Einschränkung, daß eine absichtslose Untersuchung zwar ein Ideal sein mag, aber eine in der Praxis undurchführbare Methode darstellt. So ist es schließlich besser, sich selbst und anderen die Absicht der Untersuchung einzugestehen, statt zu versuchen, sie zu verbergen. Die eingestandene Absicht beim Interview war es, zu zeigen, wie das Flaschengefühl vom Sekttrinker zuerst kaum zur Kenntnis genommen wird, dann vernünftig, ja wissenschaftlich unterbaut wird, um schließlich, bei der geringsten Vernunftsschwierigkeit, gegen die Vernunft mit dem Appell an etwas schwer zu Formulierendes, ans »Unsägliche«, verteidigt zu werden. Wer will, aber nur, wer will, kann in diesem Interview überall »Flasche« durch »religiöses Ritual« ersetzen.

Nach dieser methodologischen Unterbrechung könnte das Interview fortgesetzt werden, und eine seltsame Veränderung im Sekttrinker könnte festgestellt werden. Jetzt, da er sich zum ersten Mal der Funktion der Flasche für den Sekt bewußt ist, beginnt er, einerseits an der Perfektion der Flasche zu zweifeln, und andererseits, seine eigene Einstellung zur Flasche zu untersuchen. Er nimmt also beim Trinken nicht mehr die Flasche mit Selbstverständlichkeit zur Hand, sondern macht einen Schritt zurück von sich selbst und zurück von der Flasche, und zwar beim Trinken. Einerseits stellt er dabei vielleicht fest, wie die Flaschen verbessert werden könnten, und andererseits, wie die gegenwärtige

Form der Flasche seinen eigenen Genuß des Sekts beeinflußt. Durch diesen Schritt zurück verliert das Sekttrinken für ihn die ursprüngliche Selbstverständlichkeit, sei sie nun als Gewohnheit oder als Festlichkeit, und dies kann sogar so weit gehen, daß der Schritt zurück ihm das Sekttrinken überhaupt verleidet. Und das bleibt wahr, wiewohl er sich im vorhergehenden Argument völlig von der Perfektion der Flasche überzeugt hat. Weil nämlich sein ursprüngliches Flaschengefühl mit dieser Überzeugung nicht nur nicht zusammenfällt, sondern im Gegenteil von dieser Überzeugung bedroht wird. Wer also solch ein Interview mit einem Sekttrinker führt, muß sich bewußt sein, daß er den Sekttrinker als Sekttrinker in Frage stellt, selbst wenn das nicht seine Absicht ist und selbst wenn nicht nach Sekt, sondern nur nach der Flasche gefragt wird. Also nach etwas, was vom Sekttrinker eingangs als unwichtig angesehen wurde. Was hier geschah, ist etwa so zu schildern: Unter dem Blick des Interviewers, also eines außerhalb des Sekttrinkens Stehenden, hat sich der Blick des Sekttrinkers zum ersten Mal bewußt auf die Flasche gerichtet und dann, gleichsam von der Flasche reflektiert, auf sich selbst und sein eigenes Trinken. Damit ist dieses Trinken in Frage gestellt worden, wiewohl seltsamerweise überhaupt nicht der Sekt als solcher, und aus dem Trinker ist ein Beobachter des Trinkens geworden. So kann philosophische Schau das Beobachtete nicht nur beeinflussen, sondern zerstören. Darum läßt sich sagen, daß jede Religionsphilosophie, auch und eben die apologetische, ihrer Einstellung nach antireligiös ist.

Was aber den Interviewer angeht, der ja in erster Linie nicht am Trinken, sondern an der Flasche interessiert ist, so kann er sich mit dem erzielten Resultat nicht zufriedengeben. Sondern er wird fragen müssen, was mit der Flasche geschieht, nachdem sie ausgetrunken worden ist. Die Antwort des Trinkers auf diese Frage ist klar: sie werde weggeworfen. Das ist eine selbstverständliche Antwort, denn da der Trinker der Flasche beim Trinken vorher kaum Aufmerksamkeit schenkte, wie soll er sie nicht nach dem Trinken mit Verachtung verdrängen? Aber für den Interviewer wird die Flasche eigentlich erst interessant, wenn sie leer ist. Denn dann erst zeigt sie, was sie ist, nämlich Flasche, und nicht Sektbehälter. Eine Forschung nach dem Schicksal der geleerten Sektflasche wird wahrscheinlich zu folgendem Resultat gelangen: Entweder sie wird »aufgehoben«, als Denkmal für das Trinken in der Vergangenheit, oder sie wird in Scherben geschlagen, um, allerdings problematisch, in den Kreislauf alles Natürlichen zurückgegeben zu werden. Das heißt mit anderen Worten, sie wird entweder als Vergangenheit angenommen und als solche verehrt, wird bewußte Geschichte, oder sie wird als Vergangenheit verdrängt und als solche verachtet, es wird der Versuch unternommen, sie aus der Geschichte auszuschalten und in die Natur zu schieben. Dieses Schicksal der geleerten Flasche verdient, etwas näher betrachtet zu werden.

Wir stehen, was leere Flaschen betrifft, auf einem doppelten Boden. Einem Boden nämlich, der späteren Geschichtsforschern in seiner Doppelheit Aufschluß über die Lage unserer Zeit wird bieten können. Einerseits werden solche Forscher die von uns aufgehobenen Flaschen in derselben Schicht ausgraben, in der sich unsere Kultur überhaupt vorfindet, also in der Schicht, in der wir leben. Und andererseits werden diese Forscher die von uns weggeworfenen Flaschen als Scherben in einer Schicht finden, die unmittelbar unter dieser Schicht liegt, also in jener Schicht, die wir im Laufe unseres Lebens unterdrücken. Es wird sich also, vom Standpunkt der Forscher, nicht eigentlich um aufgehobene und weggeworfene, sondern um von uns angenommene und von uns verdrängte Flaschen handeln. So daß das, was wir im dialektischen Sinn als »Aufhebung« und als »Überholung« bezeichnen und wonach viele von uns sich politisch orientieren, aus Zukunftssicht eine andere Färbung gewinnt, denn für einen Archäologen ist es Unsinn, unversehrte Flaschen fortschrittlich und Scherben reaktionär zu nennen.

Das Schicksal der aufgehobenen Flaschen ist, da es sich im hellen Bewußtsein ereignet, deutlich verfolgbar. Kurz gesagt ist es dieses: Sie werden entweder ausgestellt oder verborgen oder zu Zwecken verwendet, die ihnen ursprünglich nicht entsprachen. Die ausgestellten Flaschen spielen zumindest eine doppelte Rolle. Einerseits stellen sie für uns und den anderen, zum Beispiel unseren Gast, unsere Vergangenheit vor, eine Vergangenheit also, die wir veröffentlichen wollen und an der wir erkannt werden wollen. So nämlich, als Sekttrinker, wollen wir von anderen und darum von uns selbst angesehen werden. Andererseits sind sie, als leere Formen, ein ästhetisches Phänomen und schmücken unsere Räume. Diese ästhetische Funktion der Flaschen ist für unsere Generation von Morandi wiederentdeckt worden. Was diese zweite Rolle der Ausstellung betrifft, so sind die Sammlungen von Miniaturfläschchen hier zu erwähnen, also von Fläschchen, welche uns bereits leer als ästhetische Phänomene geliefert werden. Dazu wäre zu sagen, daß sowohl das Miniatürliche als auch das »rein Dekorative« für unsere Zeit bezeichnend sind und einer eigenen Untersuchung bedürften. Wollten wir zum Beispiel platonisierend die leere Flasche als »eidos« bezeichnen und das Miniaturfläschchen als »eidolon«, also als »Form« und »Förmchen«, dann wäre das Formalistische, nämlich das Miniatürliche und rein Dekorative, als die für uns charakteristische Idolatrie zu bezeichnen. Dieser unser Hang zum Filigran, nicht nur in Flaschen, auch zum Beispiel in unserem wissenschaftlichen, künstlerischen und philosophischen Denken, kurz: in unserem Strukturalismus, könnte dann als aufklärerischer und rokokohafter Zug an unserem Zeitgeist festgestellt werden. Die verborgenen Flaschen, etwa in Schränken oder Kellern, werden für unvorsehbare Gelegenheiten in Reserve gehalten, also für Gelegenheiten, von denen man voraussieht, daß sie nicht eintreten werden. Denn unvorsehbar heißt ja unerwartet. Kurz: Verborgene Flaschen sind immer verfügbar, verfügbarer sogar als ausgestellte Flaschen. Denn über ausgestellte zu verfügen, hieße, die Ausstellung und damit unsere Projektion auf andere zu schmälern. Sie sind also unser Eigentum in einem radikaleren Sinn als die ausgestellten, eben weil sie privat, nämlich unpubliziert sind. Sie sind aus dem Öffentlichen, nämlich dem Weinhandel, ins Private, in den Keller, übergegangen, und nicht, wie die ausgestellten, dem politischen Raum wiedergegeben worden. Sie sind also ein Teil jenes Gebiets, das wir uns aus dem Öffentlichen aneignen, also das wir in diesem Sinn gelernt haben. Und so bleiben sie, immer verfügbar, in unserem Gedächtnis, Keller, geborgen. Als Teil unserer Bildung, und je reicher unsere Schränke und Keller mit Flaschen versorgt sind, mit leeren Flaschen, desto gebildeter, kultivierter sind wir. Und was wir vor anderen zur Parade ausstellen, das haben wir aus unseren Schränken und Kellern geholt und damit unsere »Kultiviertheit« verkleinert.

Was nun jene leere Flaschen betrifft, welche aufgehoben wurden, um für Zwecke verwendet zu werden, welche von ihren Erzeugern nicht beabsichtigt waren, zum Beispiel als Kerzenständer, Blumentöpfe oder Aschenbecher, so sind solche Flaschen Zeugen einer menschlichen Fähigkeit, welche verdient, geradezu *die* menschliche genannt zu werden. Der Fähigkeit nämlich, von den Dingen Abstand zu nehmen und sie von vorher nicht eingenommenen Standpunkten aus zu sehen. Die Flaschen kommen ins Haus, nicht nur mit einer sichtbaren Aufschrift, die ihren Inhalt benennt, sondern auch mit einer unsichtbaren, die in Befehlsform angibt, wie Flaschen angesehen und gehandhabt werden sollen. Alle Dinge in unserer Umgebung sind mit solchen Imperativen versehen, und es ist vor allem in diesem Sinn, in dem sie uns bedingen. Aber wir können unter einer ganz bestimmten Anstrengung, die man vielleicht die »phänomenologische« nennen könnte, von diesem unsichtbaren Imperativ absehn, und dann erscheint uns die Flasche als das, was sie ist, nicht als das, was sie sein soll. Eine so durch uns von ihrem Wert befreite Flasche kann dann von uns anders bewertet werden, zum Beispiel eben als Kerzenständer. Durch solch eine Umwertung der uns vom Kulturapparat aufgezwungenen Werte können wir uns zum Teil aus der Umklammerung unserer Bedingung befreien, und die umgewerteten Flaschen sind Zeugnisse unserer Freiheit. Tatsächlich sprechen darum derart umgewertete Flaschen eine viel beredtere Sprache hinsichtlich unserer Eigenart als die ausgestellten. Denn die ausgestellten bezeugen, was wir erduldeten und duldeten, daß es mit uns geschähe, zum Beispiel das Sekttrinken, aber die umgewerteten bezeugen, was wir taten und was wir geschehen machten, zum Beispiel Kerzenständer. Daher sind die ausgestellten Flaschen, unter denen wir erkannt sein wollen, nicht eigentlich Zeugnisse *unserer* Geschichte, sondern die Geschichte anderer, der Sektfabrikanten. Wenn wir sie ausstellen, wollen wir nicht als Täter, sondern als Patienten der Geschichte anerkannt werden. Sie sind Denkmäler unserer Passivität, unseres Getriebenwerdens. Aber umgewertete Flaschen sind Denkmäler unserer geschichtlichen Handlungen, unserer Vergangenheit im wahren Sinn dieses Wortes.

Das Schicksal der weggeworfenen Flaschen kann nicht, wie das der aufgehobenen, durch direkte Beobachtung festgestellt werden. Um es sichtbar zu machen, muß man es entdekken, das heißt: von Decken befreien. Und die entscheidende Decke, die es dabei zu entfernen gilt, ist jene, welche uns glauben macht, weggeworfene Flaschen seien aus unserer Umgebung verschwunden. Diese Decke, die den Namen »Historizismus« verdient und an der das Christentum gewaltig mitgewoben hat, hat die Absicht, unsere ganze Umgebung so zu verdecken, daß wir sie unter einem einzigen, von der Decke vorgewobenen Aspekt erleben, nämlich diesem: Unsere Umgebung ist eine Insel der Gegenwart, alles auf ihr ist uns gegenwärtig. Auf diese Insel kommen immer wieder Dinge zu, sie tauchen aus dem Nebel des Nichts an den Gestaden der Insel auf, und dieser Nebel des Nichts ist die Zukunft. Und aus dieser Insel fallen immer wieder Dinge ab, sie tauchen in den Nebel des Nichts wieder unter, und diesen Nebel kann man »Vergangenheit« nennen. Zukunft und Vergangenheit sind beide nichts, die eine ist noch nicht, die andere nicht mehr, und der Unterschied zwischen beiden ist Sache eines subjektiven Standpunkts, nämlich des Standpunkts jenes Subjekts, das auf einer Insel der Gegenwart steht, also in einer Umgebung. So taucht zum Beispiel die Flasche, wenn sie uns geliefert wird, eben aus unserer subjektiven Zukunft hervor, um, wenn sie weggeworfen wird, in unsere subjektive Vergangenheit unterzutauchen.

Wenn diese Decke weggezogen wird, kommen andere Aspekte unserer Umgebung zum Vorschein. Nicht nur der sogenannte »objektive« Aspekt, unter dem unsere Umgebung unhistorisch erscheint, so daß die gelieferten Flaschen natürlich nicht aus nichts, sondern aus einem vorhandenen

Etwas entstehen, und die weggeworfenen natürlich nicht ins Nichts, sondern in ein vorhandenes Etwas verschwinden. Sondern es kommen auch andere subjektive Aspekte unserer Umgebung zum Vorschein, darunter zum Beispiel dieser: Gelieferte Flaschen kommen auf uns zu, weil wir sie uns besorgen, und weggeworfene Flaschen verschwinden aus unserem Blickfeld, weil wir sie vergessen. So daß man unter diesem Aspekt auf Seinsformen und Zeitformen stößt, die nicht ganz den Heideggerischen entsprechen. Zukünftig ist, was wir uns besorgen und womit wir uns ausstatten, aber zukünftig ist vielleicht auch alles, was unvorhergesehen ist und dem gegenüber wir unbesorgt dastehn. Es gibt also mindestens zwei Arten von Zukunft, und Flaschen gehören nur einer Art an. Vergangen ist, was wir aufheben und worauf wir unter Umständen zurückgreifen können, unser Gedächtnis, und vergangen ist, was wir vergessen und was unter Umständen wieder auf uns zukommen kann, sozusagen rücklings. Flaschen gehören beiden Arten der Vergangenheit an, und es ist die zweite Art von Vergangenheit, die uns beim Betrachten weggeworfener Flaschen beschäftigt.

Man kann, wenn man den eben angeführten Zeitformen Gehör schenkt, etwa folgende zusätzliche Definitionen formulieren: Die Zukunftsform des Vorhersehbaren ist »Natur«, die des Unvorhersehbaren ist »Abenteuer«. Natur ist durch Vorsorge vergegenwärtigbare Zukunft, »Abenteuer« kann nicht vergegenwärtigt werden, sondern vergegenwärtigt sich selbst, ist also Zukunft in radikalerem Sinn, als es Natur ist. In dem Maß, in dem die Naturwissenschaften sich entwickeln, in ebendem Maß verlieren wir Zukunft im radikalen Sinn dieses Wortes. Die Vergangenheitsform des Aufgehobenen ist »Kultur«, die des Vergessenen ist »Abfall«. Kultur ist durch Gedächtnis vergegenwärtigbare Vergangenheit, »Abfall« kann nicht vergegenwärtigt werden, sondern vergegenwärtigt sich selbst, ist also Vergangenheit in radikalerem Sinn, als es Kultur ist. In dem Maß, in dem die Kulturwissenschaften sich entwickeln, in ebendem Maß gewinnen wir seltsamerweise Vergangenheit im radikalen Sinn dieses Wortes, weil nämlich die Kulturwissenschaften die Tendenz haben, nicht nur einen Teil des Vergessenen in Erinnerung zu rufen, sondern auch einen anderen Teil noch dichter zu verdecken. Das ist der Grund, warum uns der Abfall immer mehr bedingt, warum er sich immer schärfer rücklings vergegenwärtigt. Darum ist unsere Gegenwart auch immer weniger abenteuerlich und immer abfälliger, also immer weniger festlich und immer mehr vom Müll gekennzeichnet. Die Antwort auf diese Tatsache ist nicht nur eine absichtliche Suche nach Abenteuer, was ein Widerspruch in sich selbst ist, sondern auch das Entstehen neuer Wissenschaften vom Müll, zum Beispiel die Ökologie und die Tiefenpsychologie, und dies ist völlig berechtigt, denn es stellt den Versuch vor, Vergessenes zu entdecken. Mit anderen Worten: Die klassische Archäologie wird durch radikalere Archäologien wie die des Müllhaufens und die der Seele, und auch die der Sprache und der Mythen, ergänzt und in tiefere Schächte vorgetrieben. Und das Betrachten der weggeworfenen Flaschen gehört dieser radikaleren Archäologie an.

Weggeworfene Flaschen, Abfall, der sie sind, sind in diesem Sinn aus der Kultur ausgeschieden. Nicht nur in dem Sinn also, daß sie ihren »Wert« verloren haben, ihren unsichtbaren Imperativ, sondern auch in dem Sinn, daß sie, Scherben, die sie sind, ihre Form verloren haben, sich entropisch desinformiert haben. Wertlos und der Entropie unterworfen: dies scheinen Aspekte zu sein, welche die Natur charakterisieren. Darum kann der Irrtum entstehen, sie als der Natur zurückgegeben ansehen zu wollen. Wer so sieht, meint, das eben bedeute »verbrauchen«: entwerten, entformen, wieder in Natur zurückverwandeln. So einer sieht die Kultur als Metabolismus. »Erzeugen« heißt dann: werten, formen, Natur in Kultur verwandeln. Kultur ist ihm ein Organismus, der durch Erzeugung Natur frißt, um im Verbrauch wieder Natur auszuscheiden. Ein Prozeß, der der Ewigen Wiederkehr nur entgeht, wenn bei ihm der Kulturorganismus wächst, wenn also mehr erzeugt als verbraucht wird. Eine solche Sicht ist bei Erzeugungskulturen, wie es die kapitalistische war, völlig berechtigt. Aber bei Verbraucherkulturen wie der unseren ist sie nicht aufrechtzuerhalten.

Denn dann stellt sich heraus, daß es ein Irrtum ist, Müll als Natur ansehen zu wollen. Denn wiewohl entwertet und desinformiert, ist er nicht wertlos und formlos, sondern ein Antiwert und eine Antiform. Dies stellt sich bei Verbraucherkulturen nicht etwa spekulativ heraus, sozusagen als Berichtigung eines Irrtums. Sondern es wird täglich und stündlich als einer der wichtigsten Faktoren erlebt, der unsere Umgebung kennzeichnet. So nämlich erleben wir unsere Umgebung: Wir befinden uns inmitten von Kulturprodukten, zum Beispiel vollen und aufgehobenen leeren Flaschen, und zwischen diesen dicht um uns stehenden Kulturprodukten bewegen sich, wie in einem Labyrinth, die Menschen, teils bemüht, die Kulturprodukte zu erzeugen, teils, sie zu verbrauchen, teils, sie von Ort zu Ort zu schieben, teils, ihnen aus dem Weg zu gehen, teils, einander dem Produktgewirr zum Trotz die Hände zu reichen, teils, einen Ausweg aus dem Labyrinth zu finden. An manchen, immer seltener werdenden Stellen können wir kleine Ausblicke zwischen den Produkten hindurch in die Natur gewinnen, also in die vorhersehbare Zukunft, und aus diesen Ausblicken können wir schließen, daß die Kultur von Natur umgeben ist, aus der sie durch Erzeugung immer neue Produkte herstellt, in die wir aber immer weniger selbst eindringen können. Aber außerdem können wir überall im Labyrinth beobachten, wie sich Unrat, Schmutz und Fäulnis zu Bergen häufen, wie sie aus allen Kanälen quillen, unsere Schritte hemmen, in unsere Körper und Geister dringen, immer weniger vermieden werden können, wie die in ihnen sich mehrenden Pestträger uns immer mehr infizieren und wie die darin verborgenen Scherben, zum Beispiel die weggeworfener Flaschen, uns immer tiefere Wunden schneiden. Und wir können beobachten, wie manche unter den im Labyrinth herumziehenden Menschen beginnen, in dieser steigenden Flut von Dreck sich wohlig zu wälzen, einer Antiromantik gehorchend, welche »nostalgie de la boue« dem romantischen »Zurück zur Natur« entgegenstellt, wie um deutlich zu zeigen, daß Müll eben nicht Natur ist. Kurz: Wir können überall und an uns selbst beobachten, wie die von einer viktorianischen Produktionskultur geschaffene Kanalisation, geschaffen, um Weggeworfenes in den Untergrund zu versenken, heute, in der Verbraucherkultur, überfließt und mit ihrem physischen und psychischen

Müll die Umgebung überflutet. Nicht etwa katastrophenhaft überflutet, durch Defekt in der Kanalisation, wie es etwa die Naziflut war, sondern ständig durch Saturation dank Überkonsum ins Kulturgebiet eindringt. Dieser Tatsache ist mit keiner Verbesserung des Kanalisationssystems beizukommen, denn jeder solche reaktionäre Sanierungsversuch muß vor der geometrisch wachsenden Müllflut scheitern. Darum müssen wir auf Schritt und Tritt gewärtig sein, daß die Scherben der von uns weggeworfenen Flaschen an unerwarteten Orten wieder auftauchen können, um uns die Füße zu zerschneiden. Wir sind immer mehr von unserer verdrängten Vergangenheit bedingt, und dieses tägliche Erlebnis drängt uns ein Kulturmodell auf, das sich vom Metabolismusmodell früherer Generationen unterscheidet. Etwa dieses:

Kultur ist ein Prozeß, welcher, ganz wie im Metabolismusmodell, negativ entropisch Natur informiert und verwertet, also durch Erzeugung in Produkt verwandelt. Ein Teil dieses Produktes wird, ganz wie im Metabolismusmodell, verbraucht, desinformiert, entwertet und der Natur zurückgegeben. Ein anderer Teil aber wird, im Gegensatz zum Metabolismusmodell, nicht verbraucht, sondern zerbrochen, und dieser zerbrochene Teil wird verdrängt und in den Müll geworfen. So daß die Kultur ein Prozeß ist, der kumulativ Natur in Müll verwandelt, also im Grunde ein negativ entropischer Epizyklus auf einem entropischen Vorgang. Das Zentralproblem in diesem Modell ist offenbar das Zerbrechen, also die Unfähigkeit der Kultur, manche ihrer Produkte zu verbrauchen. Es ist klar, daß dieses Problem der Unverdaulichkeit mancher Kulturprodukte teils mit der menschlichen Verdauungsfähigkeit zusammenhängt und teils mit der Fähigkeit der Natur, Produkte zu verdauen. Manche Produkte bilden Müll, weil sie übermenschlich sind, im Sinn von: für uns unverdaulich, und bleiben im Müll als Zeugnisse davon, daß der Mensch im Erzeugen weniger begrenzt ist als im Verbrauchen. Andere wieder bilden Müll, weil sie antinatürlich sind, im Sinn von: für die Natur unverdaulich, und bleiben im Müll als Zeugnisse davon, daß der Mensch fähig ist, Antinatur zu schaffen. Ein Beispiel des ersten Falls sind die roten Algen, welche unsere Gewässer verpesten, also scheinbar Natur, aber in Wirklichkeit Antikultur sind, ein Beispiel des zweiten Falls sind die Flaschenscherben, welche unsere Füße zerschneiden, also scheinbar Kultur, in Wirklichkeit aber Antikultur sind. Andere Beispiele des ersten Falls sind die steigende Radioaktivität und die steigende Gewalttätigkeit und Sexualisierung der Atmosphäre, andere Beispiele des zweiten Falls sind die unzerstörbaren Autoleichen und Leichen von Nationalismen, welche die Gegend verunstalten und verpesten. Es genügt jedoch, bei den Flaschenscherben zu bleiben, um dem Problem näher auf den Leib zu rücken.

Die Ambivalenz des Mülls ist nicht: zugleich Kultur und Natur, sondern: zugleich Antikultur und Antinatur, und es ist ein verhängnisvoller Irrtum, der Ökologie und der Tiefenpsychologie etwa, das Antinatürliche am Müll das Kulturhafte und das Antikulturhafte an ihm das Natürliche zu nennen. Rote Algen sind nicht natürlich, sondern ein Kulturkrebs, Gewalttätigkeit der Freaks ist nicht natürlich, sondern Kulturerkrankung. Flaschenscherben sind nicht Kulturenklaven in der Natur, sondern entnaturierte Natur, und der Nationalismus ist nicht eine zu Natur gewordene Kulturform, sondern wertloser und von der Natur unverdaulicher Scherbenhaufen verkommener und jetzt leerer Formen. Das eben charakterisiert den Müll, daß er weder Wert noch Form hat, wie die Kultur, noch auch wertlos und formlos ist, wie die Natur, welche mindestens in der Tendenz zum Formlosen hinzielt, sondern daß er entwertet und deformiert ist. Dieses »Anti-« am Müll macht eben, daß er nicht Zukunft ist wie die Natur, sondern Vergangenheit, welche droht, immer und überall gegenwärtig zu werden, nämlich im Sinn von »widerwärtig«. Diese Entwertung und Deformation der Flaschen als Scherben zeigt deutlich, was »Verbrauchen« bedeutet: nämlich den Kulturaspekt am Produkt abnützen, ohne dabei das Produkt als Produkt vernichtet zu haben. Verbrauchtes ist Antikultur, weil es, wie die Natur, einfach ist und nicht sein soll, und es ist Antinatur, weil es, wie die Kultur, von einem Sollen zeugt, das der Natur aufgedrückt wurde. Mit anderen Worten: Natur ist nicht, wie sie sein soll, Kultur ist, wie sie sein soll, Müll ist, wie er nicht sein soll. Darum stellt die Natur, wenn sie sich vergegenwärtigt, eine Herausforderung an das Sollen dar und ist in diesem Sinn vergegenwärtigte Zukunft. Und darum stellt Müll, wenn er sich vergegenwärtigt, das Vergängliche des Sollens vor und ist in diesem Sinn Vergangenheit als gegenwärtige Bedingung. In dem Maße, in dem Dinge vom Typ »Flaschenscherben« in unserer Umgebung überhandnehmen, in ebendem Maß wird Vergangenheit immer deutlicher unsere Bedingung. Es wird also das Sinnlose des Aufdrückens des Sollens auf die Natur immer deutlicher ersichtlich. Müll als Bedingung des Menschen ist eine deutliche Demonstration der Sinnlosigkeit eines Engagements für die Kultur, also überhaupt eines Engagements gegen die Zukunft. Wenn »Welt verändern« letzten Endes bedeutet, sie zu Flaschenscherben zu verändern, dann hat sich jedes Engagement, nicht nur das marxistische, erübrigt.

Flaschen sind Formen. Wenn sie ins Haus geliefert werden, haben sie Inhalt, und man kann sie aristotelisch, »morphé« und »hylé«, oder marxistisch, Dialektik von Inhalt und Form, oder überhaupt nach irgendwelchen historischen Kategorien betrachten. Aus solchen Betrachtungen kann man auf jenen Problemkomplex schließen, der unter den Begriffen von Ritus und Dogma, Formalismus und Realismus, Strukturalismus und Historizismus usw. gefaßt wird. Leere Flaschen sind leere Formen. Wenn man will, sind sie reine Formen, wenn man will, leere Floskeln. Sie sind Clichés, die bezeugen, wie der Mensch in seinem Engagement gegen die Zukunft sein Sollen dem Wertlosen aufdrückt. Werden sie aufgehoben, dann sind sie Teil jenes Wertrepertoires, das man mit dem Wort »Kultur« bezeichnet. Werden sie zerbrochen und weggeworfen, dann sind sie Teil jener Anhäufung von Antiwerten, die man »Müll« nennt. Dann bezeugen sie, wie das menschliche Engagement gegen die Zukunft von der Vergänglichkeit seiner Formen bedingt ist. So daß das Schicksal der Flaschen, also der Formen, der Ideen, oder wie immer man sie nennen will, das Schicksal des Menschen in seiner Umgebung überhaupt darstellt. Das Schicksal der Flaschen ist die andere Seite des Schicksals des Menschen. Dazu kann man sich, im Grunde genommen, nur auf drei Standpunkte stellen, nämlich diese:

Der erste sei der »platonische« genannt und wie folgt beschrieben: Formen sind ebenso gegeben wie Inhalte, also außermenschlich. Das Reich des Sollens ist, wie das Reich des Seins, in der Umgebung des Menschen. Darum werden Flaschen aufgehoben: als unvergängliche Formen vergangener Inhalte, als Zeugen vom Menschen für gegebene Inhalte gefundener Formen. Die Ausstellung leerer Flaschen ist eine Kollektion gefundener, unvergänglicher Formen, und die Betrachtung der Ausstellung, die Theorie, ist die Betrachtung der reinen Werte, also nicht nur des Guten, sondern zugleich auch des Schönen. Das also ist der Sinn des Lebens: nicht Inhalte trinken, sondern leere Flaschen betrachten. Nicht also Praxis, sondern Theorie, nicht die Tat, sondern das beschauliche Ansehen. Und das ist Philosophie: Liebe zu ausgestellten leeren Flaschen.

Der zweite mögliche Standpunkt sei der »moderne« genannt und wie folgt beschrieben: Formen sind nicht gegeben, sondern erfunden. Sie sind also nicht, wie die Inhalte, außermenschlich, sondern menschlich. Die Umgebung des Menschen ist das Reich des Seins, und dem stellt er sein eigenes Reich, das des Sollens, entgegen. Darum werden Flaschen aufgehoben: um umgeformt zu werden und zu neuen Zwekken, zum Beispiel als Aschenbecher, verwendet zu werden. Ungeformte leere Flaschen sind Zeugen der fortschreitenden Verwandlung der Formen, also der Methode, wie der Mensch das Sein bezwingt, um zu werden, wie es sein soll. Das nämlich heißt Theorie: nicht beschauliches Ansehen von ausgestellten Formen, sondern tätiges Verwandeln aufgehobener Formen. Und der Sinn des Lebens ist: fortschreitend und fortschrittlich Formen aufzuheben und umzuwandeln. Also Dialektik von Theorie und Praxis. Und das ist Engagement: permanent revolutionäres Umwandeln aufgehobener Flaschen.

Der dritte mögliche Standpunkt zum Schicksal des Menschen sei der »kritische« genannt und wie folgt beschrieben: Formen sind ephemere negativ entropische Momente in der allgemeinen Entropie der menschlichen Umgebung. Zum Teil vom Menschen gefunden, zum Teil von ihm erfunden, werden sie vom Menschen als Sollen dem Sein entgegengesetzt, aber wenn aufgesetzt, beginnen sie zu sein und hören auf zu sollen. In der Umgebung gibt es nichts als das Reich des Seins, der fließenden Inhalte, und an ihm zerscherben alle möglichen Formen aus dem vergänglichen Reich des Sollens. Flaschen werden darum weggeworfen, und zwar entweder sofort nach dem Trinken oder etwas später nach provisorischer Aufbewahrung: um die Eitelkeit alles Geformten zu verdrängen. Um zu verdrängen, daß das Sein alles ist, das bloße, brutale Sosein. Aber weggeworfene Formen sind darum noch nicht verschwunden. Sie sind, Scherben, die sie sind, Zeugnisse von der Sinnlosigkeit allen Formens. Also davon, daß das Leben keinen Sinn hat. Und dem gegenüber kann man nichts als Inhalte trinken. Also nur Praxis.

Angesichts der sich aufhäufenden Flaschenscherben sind die beiden ersten Standpunkte heute nur noch schwer zu vertreten. Denn ausgestellte Flaschen beschaulich zu betrachten, ein kontemplatives Leben zu führen, und aufgehobene Flaschen umzuformen, sich zu engagieren, hieße heute, die Scherben vergessen zu wollen, die aber nicht mehr erlauben, vergessen zu werden. Man kann mit anderen Worten nicht mehr, wie man es früher konnte, nur die erzeugende, positive, bildende Seite der menschlichen Bedingung sehen, sondern man muß auch die verbrauchende, negative, zerbrechende Seite dieser Bedingung zu Wort kommen lassen. Und wenn man das tut, dann wird einem klar, daß »der Wille zur Macht« nichts ist als ein Aspekt der »Ewigen Wiederkehr«, allerdings einer Ewigen Wiederkehr zum Chaos. Und dies führt zu einem Leben des augenblicklichen Genießens und Verbrauchens. Zu einer Art nachgeschichtlichem Hedonismus. So daß letzten Endes der Sekttrinker doch recht behält: der Sekt, nicht die Flaschen, sind wichtig. Denn was immer er tut, früher oder später wird er sich an den Flaschenscherben schneiden. Aber jetzt kann er trinken.

Wände

Es gibt eine These, wonach für das magische Denken die entgegengesetzten Extreme eines Begriffskomplexes zusammenfallen. So soll es zum Beispiel in der hypothetischen Sprache der Indogermanen einen Wortstamm gegeben haben, (»h...l«), dessen Bedeutung die beiden Extreme des sakralen Komplexes umfaßte. So daß aus diesem Wortstamm sowohl das »Heil« wie die »Hölle«, sowohl die »Helle« wie die »Höhle«, sowohl das englische »whole« als das Ganze wie das englische »hole« als das Loch entsprossen sein sollen. Wenn man seine Aufmerksamkeit den Wänden zuwendet, etwa den eigenen vier Wänden oder den vier Wänden, die einen einkerkern, dann kann man diese magische Ambivalenz deutlich am eigenen Denken entdecken. Und dabei wird einem bewußt, daß erst bei solchem Zusammendenken von Gegensätzen das Wesentliche des Gedachten ans Licht rückt. Nur fällt uns eine solche Denkart nicht leicht, wir sind nicht in ihr geübt, wie es vielleicht die magischen Kulturen waren. Möglicherweise hat sich dieses Denken im Laufe der Geschichte etwa dergestalt entwickelt: Ambivalente, synkrete Begriffe wurden in ihre diskreten Elemente auseinandergefaltet, und dabei wurde ihr Inhalt klar und der Zusammenhang ging verloren. Und jetzt beginnt man, zu versuchen, wieder zusammenzufassen und synoptisch zu sehen. Neuerdings magisches Denken also, aber jetzt auf neuer Höhe. Heißt das: »Einbruch der Nachgeschichte«?

Es ist relativ leicht, sich die Ambivalenz von Wänden im Psychologischen vor Augen zu führen. Eingrenzung und Schutz, Widerstand und Zuflucht, Kerkerzelle und Wohnung, Angst und Geborgenheit, Klaustrophobie und verhütete Agoraphobie: das sind wohl einige der psychologischen Gegensätze, die bei einer Betrachtung von Wänden hervorgerufen werden. Und sie werden sich wahrscheinlich alle auf den Gegensatz »Grab und Gebärmutter« zurückführen lassen. Aber ein solches Psychologisieren der Erlebnisse mit Dingen, so verführerisch es dank seiner relativen Leichtigkeit ist, erschöpft bei weitem nicht die Sache, sondern hat im

Gegenteil die Tendenz, vieles an der Sache wegzuerklären. Andere und weit problematischere Standpunkte zu den Wänden müssen den psychologischen Standpunkt ergänzen, sollen Wände als wichtiger Teil der menschlichen Bedingung zu Worte kommen. Und unter allen Standpunkten wird die magische Ambivalenz, von der die Rede war, sichtlich, nur wird sie weniger deutlich.

Es sei zu den Wänden, zum Beispiel, ein ethischer Standpunkt eingenommen. Dann erweisen sie sich als Grenze, aber auch als Brennpunkt, des Politischen und des Privaten. Des Gemeinen und des Gewöhnlichen also. Sie teilen die Welt in zwei Reiche: das große äußere, in dem das Leben geschieht, und das kleine innere, in dem es sich ereignet. Aber zugleich ermöglichen sie überhaupt erst beides: Gäbe es keine Wände, dann könnte das Leben weder geschehen noch sich ereignen. Darum stellen sie mich in ihrer undurchsichtigen Ambivalenz vor die entsetzliche Wahl, die eine Entscheidung ausschließt: entweder aus ihnen herauszuschreiten, um die Welt zu erobern und mich dabei selbst zu verlieren, oder in ihnen zu verharren, um mich selbst zu finden und dabei die Welt zu verlieren. Diese Undurchsichtigkeit der Wände, und die daraus folgende unmögliche Entscheidung, läßt sich zwar durch Fenster und Türen teilweise durchbrechen, aber nicht grundsätzlich beheben. Ich kann, dank der Türen, natürlich morgens meine vier Wände verlassen, um mich im Öffentlichen zu engagieren, und kann abends zu ihnen heimkehren, um mich im Intimen zu integrieren. Und ich kann, dank der Fenster, natürlich zwischen meinen vier Wänden verharren und dabei doch eine weite Aussicht auf das Öffentliche genießen. Und beides kann ich heute besser denn je, da meine Tür zur Garage führt, wo mein Wagen wartet, um mich ins Öffentliche, in den Verkehr, zu schleudern, und da unter meinen Fenstern ein Fernsehschirm als Panoramafenster auf höchstem Grat mir einen Blick auf das Alleröffentlichste eröffnet. Und doch ist weder Tür noch Fenster eine Lösung für das existentielle Dilemma. Denn ist das ein echtes Engagement, wenn ich ständig mit einem Auge nach meiner Haustür schiele und ich mich also nicht nur hingebe, sondern vielleicht mehr noch versuche, mir etwas heimzutragen? Das ist übrigens ein Problem des Engagements an der kapitalistischen Gesellschaft. Und ist die distanzierte Aussicht auf das Öffentliche vom Fenster aus, dieses »über dem Gewimmel-Stehen«, philosophische Schau, oder ist es nicht eher verantwortungsloser Hochmut? Das ist übrigens ein Problem nicht nur der Philosophie, sondern aller »reinen« Disziplinen, zum Beispiel der Wissenschaften und Künste. Und dazu kommen noch folgende Zweifel: Wenn Engagement an der Welt der Versuch ist, die Welt zu verändern, nach welchem Modell verändere ich sie, wenn ich mich nur reserviert engagiere? Und wenn theoretischer Blick auf die Welt der Versuch ist, die Welt zu verstehen, welch ein Verständnis gewinne ich ohne Praxis? Nein, Türen und Fenster sind keine Lösung. Und außerdem muß ich mich ja entscheiden, die Türen und die Fenster selbst zu öffnen und zu schließen. Die Undurchsichtigkeit der Wände in ihrer ethischen Ambivalenz ist allen immer perfekteren Türen und Fenstern zum Trotz eine der Bedingungen des Menschen. Und außerdem werden nicht nur Fenster und Türen, sondern auch die Wände selbst immer perfekter. Sie werden thermostatisch, schalldicht und resistent, eine Tatsache, welche vom steigenden Verlorensein des Menschen im Außen und von seiner steigenden Einsamkeit im Innen bezeugt wird.

Es sei zu den Wänden, zum anderen Beispiel, ein ästhetischer Standpunkt eingenommen. Auch so wird ihre Ambivalenz ersichtlich. Man spricht von kahlen Wänden, als handle es sich bei der Kahlheit um einen Mangel. Und tatsächlich ist die kahle Kälte ein Wesenszug der Wände. Und doch ist es gerade ihre Kahlheit und Kälte, ihre ästhetische Neutralität, welche sie befähigt, Träger eines beträchtlichen Teils der menschlichen bildenden Phantasie zu werden. Ein großer Teil des menschlichen Willens, der entropischen Tendenz der Natur immer neue Formen aufzuzwingen, verwirklicht sich nicht gegen den Hintergrund dieser Natur selbst, sondern gegen den Hintergrund der kahlen Wände. Wandmalereien gehören dann tatsächlich zu den ersten Zeugen für die Verwirklichung dieses Willens. Es ist wahrscheinlich so, daß sich der Mensch als ein der Natur entgegengesetztes und ihr entgegenkommendes Wesen überhaupt erst behaupten kann, wenn er zwischen sich und der Natur Wände aufrichtet. So gesehen ist die Wand jene Seite der Mauer zwischen der Natur und dem Menschen, vor der sich das Drama der Kulturen abspielt. Die andere Seite der Mauer, die vom Menschen abgewandte, ist für ihn eigentlich unsichtbar, wie ja die Wände der Steinzeithöhlen beweisen. Also könnte man zwischen zwei Arten von Wänden unterscheiden: den »gegebenen«, wie es die Höhlenwände sind, deren Rückseite unsichtbar ist, und den »gemachten«, wie es die Zimmerwände sind, deren Rückseite sichtbar wird, wenn der Mensch aus seinen Wänden, und darum gewissermaßen aus sich selbst, heraustritt. Aber diese Unterscheidung ist tückisch. Die Wand als Grenze zwischen Natur und Kultur kann selbst weder zu dem einen noch zu dem anderen Weltreich gehören, oder aber zu beiden. Ist sie »gegeben«, dann wird sie vom Steinzeitmenschen eben nicht als gegeben angenommen, sondern als Hintergrund für das Gemachte und als Aufforderung zum Machen. Und ist sie »gemacht«, dann wird sie als roh und ungemacht empfunden und mit Gemachtem wie Bildern und Postern behängt oder mit Gemachtem wie Belag und Teppich verborgen. Ein großer Teil der Kultur ist im Grunde Wandverschalung, um das Rohe zu beschönigen und etwaige Risse zu verdecken. Und selbst wenn die Wandstruktur funktionell und antiromantisch von der Kultur betont wird, und die Romantik ist, allen entgegengesetzten Behauptungen zum Trotz, keine Rückkehr zur Wand, zur »Natur«, sondern Wandbeschönigung, selbst dann ist solch eine Betonung der Wandstruktur ein Trick, um die Wand als Wand dialektisch verschwinden zu lassen, das heißt, aus Wand Vorwand zu machen. Die Neutralität der Wände, das »weder das eine noch das andere und das beides« an ihnen, wird seltsamerweise durch ihre Geometrizität, in unserem Kulturkreis normalerweise Rechtwinkligkeit, eher betont als verschwiegen. Denn wenn einerseits Geometrizität charakteristisch unnatürlich sein mag, so ist andererseits das Nichts-als-Strukturelle der Geometrizität aller Kultur, und sei sie noch so formal, feindlich. Das also sind im Grunde genommen die Wände: widernatürliche und widerkulturelle Strukturen, und der Mensch schafft im Kampf gegen sie und mit ihnen als Hintergrund die meisten seiner Werke. Werke sind Werke gegen die hintergründigen Grenzen der Wände. Und reißt man eine der vier Wände aus und verwandelt damit das Zimmer in eine Bühne, dann werden die meisten menschlichen Werke für den Außenstehenden zu Bestandteilen eines absurden Theaters. Vielleicht ist also die gegenwärtige Krise des Werks in den Künsten nichts als die Krise der Wände.

Es sei schließlich vor Wänden, letztes Beispiel, ein religiöser Standpunkt eingenommen. Die Ambivalenz, die dabei zutage tritt, hängt mit dem Sonderbaren des Geheimen auf der einen und mit der Verkündung und der Zeugenschaft einer Botschaft auf der anderen Seite zusammen. Daß das Geheime sonderbar ist, daß man es absondern kann und muß, ja daß es erst in der Absonderung wirklich geheim ist, das mag ganz nahe am Ursprung aller Wände liegen. Die Höhle und später der Tempel waren wahrscheinlich ursprünglich heimliche Stätten, weil Wände einen gesonderten Raum aus dem profanen Gemeinraum ausgeschnitten hatten. Allerdings wurde die Höhle bald heimisch, hörte also bald auf, heimlich zu sein, um später, zur Zeit der Tempel, unheimlich zu werden. Und neben und unter den Tempeln wurden Mauern errichtet, welche nicht Wände des Heimlichen, sondern des Heimischen, also Wohnungen, stellten. Das nämlich ist die Dialektik des Geheimen, daß es durch Bewohnen und Gewöhnen ins Heimische umschlägt. Und daß das Gewohnte, wenn lange unbewohnt, zurückschlägt ins Unheimliche, ins Gegengeheimnis. Darum ist vielleicht die gewöhnliche Zimmerwand ein prekäres Zwischenstadium zwischen Höhle und Ruine. Ich fühle mich heimisch zwischen meinen vier Wänden, weil dort das Geheime des ganz Anderen nicht mehr raunt und Gespenster des Gewesenen noch nicht lauern. Und so ist mein Gefühl, behaust zu sein, doch letzten Endes ein religiöses: das Gefühl des Geborgenseins vor unmenschlichen Extremen. Aber das durch Wände gesonderte Geheimnis, sei es heimlich oder unheimlich, ist nicht das einzige Heiligtum, und es gibt nur der einen Seite des religiösen Gefühls Ausdruck. Ihm stellen sich der Altar auf dem Berggipfel, der schroffe Fels auf der vorspringenden Halbinsel und der Stein in der Wüste entgegen oder an die Seite. Das

Uranische dem Chthonischen, das Offenbarte dem Hermetischen, das Helle dem Dunklen. Den labyrinthischen Wänden Kretas die wändelosen Säulen Griechenlands, den finsteren Wänden romanischer Kirchen die leuchtende Wändelosigkeit der Moscheen in Andalusien. Der Religiosität des Allerprivatesten, nämlich des gänzlich unkommunizierbaren mystischen Erlebnisses, die Religiosität des Alleröffentlichsten, nämlich die der allgemeingültigen Botschaft. So gesehen, erscheinen die Wände als Symbole für zwei Einstellungen des Menschen dem ganz Anderen gegenüber. Die eine erlebt das Heilige nur zwischen ihnen, die andere muß sie niederreißen, um dem Heiligen Raum zu gewähren. Und die Ambivalenz der Wände als religiöser Symbole liegt darin, daß, damit das Heilige erscheine, sie entweder aufgesucht oder niedergerissen werden müssen. Dabei sind aber wahrscheinlich die Wände mehr als bloße religiöse Symbole. Sie sind wahrscheinlich Bedingungen, unter denen das Religiöse überhaupt erst zur Entfaltung kommen konnte. Und wenn es stimmt, daß der Mensch ein religiöses Tier ist, dann ist er ein Tier, das überhaupt erst unter der Bedingung der Wände Mensch werden konnte.

Wände sind Dinge meiner Umgebung. Sie bedingen mich, ohne daß ich mir darüber Rechenschaft ablegen könnte. Denn sie stehen stumm um mich herum, von meiner Gewohnheit an sie geknebelt. Gelingt es mir aber, durch meine Gewohnheit hindurch bis zu ihnen vorzustoßen, um sie zu sich selbst zu befreien, dann sprechen sie eine sehr beredte Sprache. Nämlich eine doppelzüngige Sprache, die Sprache der Ambivalenz meiner Bedingung. Diese Sprache erklärt zwar meine Bedingung nicht, aber sie klärt mich auf über das Unerklärliche meiner Bedingung. Und zwar tut sie das, selbst wenn ich mich auf die wenigen Standpunkte ihnen gegenüber beschränke, die hier skizzenhaft angeführt wurden. Solches ist die Folge einer selbst oberflächlichen Achtung, die ich meiner Umgebung schenke. Zum Beispiel meinen vier Wänden.

Straßenlampen

Beleuchtete Straßen in Großstädten, besonders in tropischen, haben wenigstens zwei Gesichter: das Abendgesicht, bei dem das Künstliche an der Beleuchtung wie ein Lichtschleier das Elend der Stadt verhüllt, und das Vormorgengesicht, bei dem das objektiv Kalte an der Beleuchtung wie eine wissenschaftliche Diagnose die Schäbigkeit der Stadt zur Schau stellt. Wie kann die Straßenlampe zwei so widersprüchliche Funktionen erfüllen: die der theatralischen Beschönigung und die der mitleidlosen Enthüllung? Die Antwort auf diese Frage wird von der Weise abhängen, wie die Frage gestellt wird und sie kann, wird die Frage weit geführt, Grundsätzliches in der menschlichen Bedingung treffen. Die vorliegende Betrachtung wird sich auf zwei Richtungen in Verfolgung der Antwort beschränken: zum Lebensrhythmus hin und auf jene Richtung, die in das Gebiet der Künste deutet.

Von der ersten Richtung aus kann eine provisorische Antwort auf die aufgeworfene Frage etwa so lauten: Die abendliche Straßenlampe ist festlich, weil sie den Sieg des Geistes über die Nacht feiert, und die Vormorgenlampe ist nüchtern, weil sie mahnt, wie beim Morgengrauen der Geist vom übernächtigten Körper besiegt wird. Die Antwort fußt auf einer Anzahl von Prämissen, und einige darunter sind diese: Der Mensch ist von Natur aus ein Tagtier, das versucht, sich die Nacht zu erobern. Der Geist steht in einem Widerspruch zum Körper, der sich etwa darin äußert, daß der Geist einen Tagkörper zwingen will, ein Nachtleben zu führen. In diesem Widerspruch bezwingt der Körper den Geist rhythmisch, etwa am Vormorgen, und zum Beispiel beim Sterben. Und das Lampenlicht ist, wie alle Phänomene in unserer Umgebung, nicht nur eine objektive Tatsache, die unabhängig von Stimmungen konstatiert werden kann, zum Beispiel durch Photographien, sondern auch ein Erlebnis, das vom Erlebenden abhängt, zum Beispiel von einem nächtlich durch die Straßen gehenden Bürger. Alle diese der Antwort vorausgehenden Prämissen sind ihrerseits fraglich. Sie stellen Bedingungen unseres Daseins in Frage.

Inwiefern ist es etwa wahr, daß der Mensch von Natur aus ein Wesen des Tags ist? Die Schwierigkeit dieser Frage ist offensichtlich mit der Schwierigkeit verbunden, überhaupt etwas über das Natürliche am Menschen auszusagen. Es läßt sich diesbezüglich eine Menge Dinge behaupten, wenn man vom Standpunkt ausgeht, der Mensch sei ein Primat, der sich in einem allerdings nicht genau feststellbaren Augenblick durch jene sonderbare, »Kultur« genannte Tätigkeit von den übrigen Primaten zu unterscheiden begann. Wer diesen Standpunkt einnimmt, wird das Primatenhafte am Menschen als seiner Natur entsprechend ansehen und aus seiner Nahrung, die in Wechselbeziehung zu seinen Zähnen steht, aus seiner Weise, die Nahrung zu suchen, die sich in seinem Körperbau spiegelt, und aus ähnlichen Daten auf sein Tag- beziehungsweise Nachtdasein schließen. Wahrscheinlich wird der Schluß, zu dem er kommen wird, mit einigen Reserven auf ein Tagdasein deuten. Aber wenn man vom Standpunkt ausgeht, daß das spezifisch Menschliche überhaupt erst in Erscheinung tritt, wenn die Kulturtätigkeit einsetzt, daß sich, mit anderen Worten, der Mensch von den Primaten wesentlich unterscheidet, dann kann man über das Natürliche am Menschen nur Widerspruchsvolles sagen. Denn solch einem Standpunkt ist die Kultur dem Menschen sozusagen natürlich, und man ist berechtigt zu sagen, ein kulturloser Mensch sei unnatürlich. Zum Beispiel wird man dann behaupten, es gäbe Kulturen, in denen ein Nachtleben natürlich ist, und andere, in denen es das nicht ist. Das Seltsame ist, daß von beiden Standpunkten aus, und von vielen dazwischen liegenden, das Nachterlebnis zwar verschiedenartig erklärt wird, aber jedesmal in vollem Einklang mit der tatsächlichen Stimmung, in der es erlebt wird.

Und wie verhält es sich mit dem Widerspruch, und dem Einklang, von Geist und Körper? Diese Frage läßt sich zur Not in die erste einbauen, indem man etwa behauptet, der Geist sei das Antinatürliche des natürlichen Körpers, sozusagen seine Krankheit, wiewohl man natürlich vom Standpunkt des Geistes aus sagen kann, der Körper sei die Krankheit, die »Schwäche« des Geistes. Aber dieses Einbauen stößt auf beträchtliche Schwierigkeiten. Zum Beispiel muß man den

Primaten und anderen höheren Tieren entweder Geist absprechen – und auf Tierpsychologie verzichten – oder aber komplizierte Definitionen des Geistes ausarbeiten, um seine Antinatürlichkeit zu retten. Andererseits ist die Trennung zwischen Geist und Körper überhaupt problematisch, wiewohl tief in unserer Kultur verwurzelt. Anderen Kulturen ist ja der Geist bekanntlich eine Art von dünnem Körper, und wir selbst stehen solchem Animismus nicht vollkommen fremd gegenüber. Umgekehrt läßt sich der Dualismus hervorragend aus der Welt schaffen, wenn man behauptet, daß das, was man »Geist« nennt, nichts anderes sei als eine Reifikation und Personifikation des Verhaltens des Körpers. Geist sei nicht ein Etwas, sondern ein Wie, nämlich die Weise, wie sich menschliche Körper verhalten. Nur erkauft man diese Elimination des Dualismus um den Preis der inneren Geisteserfahrung, zum Beispiel der Erfahrung der Freiheit, die sich unter anderem als Erfahrung des Bezwingens des eigenen Körpers äußert. Etwa als Bezwingen und Verwandeln des nächtlichen Verhaltens des Körpers. Straßenlampen bauen und unter ihrer Beleuchtung leben, ist zweifellos eine Bewegung des Körpers und in diesem Sinne geistig. Aber ist es nicht auch geistig in jenem anderen Sinn, in dem es den Körper vergewaltigt und sich also irgendwie von ihm frei macht? Die Frage scheint auf den ersten Blick dialektisch nicht lösbar. Es wimmelt, mit anderen Worten, von Standpunkten, von denen aus die Straßenlampe als Produkt des Geistes angesehen werden kann, und immer wird sie anders erscheinen, ohne dabei aufzuhören, sie selbst zu bleiben.

Was nun die Unterfrage nach dem Rhythmus zwischen Geist und Körper betrifft, dieses agonale Ringen zwischen Tag und Nacht, Wachen und Schlafen, Leben und Tod, bei dem die Straßenlampe ein Instrument des Geistes gegen den Körper zu sein scheint, so kann kein Zweifel bestehen, daß sie am Platz ist. Über die klare Vernunft des Tages und die dumpfe Lust der Nacht, und wie der Tag eine Insel ist, die sich in den Ozean der Nächte hineinfrißt, darüber sprechen im Grunde nicht nur alle Psychologien, sondern davon handelt eigentlich jede Überlegung über die Würde des Menschen. Man kann, wenn man eben will, zum Beispiel die westliche Kultur als ein rhythmisches Pendeln zwischen romantischen Nachtperioden und klassischen Tagperioden ansehen. Und je nach der romantischen oder klassischen Tendenz des Beobachters wird sich die Straßenlampe als Vorhut des Tages in der Nacht, als illuministische Aufklärung des Obskurantismus, oder als Vergewaltigung der Majestät des nächtlichen Dunkels erweisen, als geradezu sündhafte Profanierung des Mysteriösen. Der ersten Tendenz wird sich die Straßenbeleuchtung als ein Problem des Urbanismus stellen und die Stadtplanung ihrerseits als ein Problem des Verstoßens des Tages in die zu überholenden Nächte. Der zweiten Tendenz hingegen wird die Entwicklung der Straßenbeleuchtung von der rauchenden Fackel bis zum fahlen Neon ein leuchtendes Beispiel dafür sein, wie die Menschheit sich immer weiter von ihren geheimnisvollen Wurzeln entfernt und damit sich selbst entfremdet. Und es ist schwer, wenn nicht unmöglich, in diesem Schwanken zwischen Vernunft und Gefühl ein Gleichgewicht zu halten, nicht nur, weil beide Seiten in jedem von uns schwingen, sondern auch, weil die Vernunft selbst gefühlsbetont ist und weil das Gefühl seine eigene Vernunft hat. Mit dieser Feststellung rückt nun die Unterfrage nach dem Rhythmus in ein seltsames Licht, nämlich dieses: Sie ist zwar zweifellos am Platz, aber ebenso zweifellos ist sie in ihrer inneren und äußeren Dialektik gar nicht richtig zu stellen. Gibt es denn nicht einen Standpunkt, von dem aus man sagen könnte, der Sieg des Tages über die Nacht sei in Wirklichkeit ein Verschlucken des Tages durch die Nacht und die Straßenlampe sei nicht eine kleine Sonne, sondern seit es Straßenlampen gibt, ist die Sonne nichts anderes als eine große Straßenlampe? Und läßt sich ähnliches nicht auch vom Sterben sagen?

Die letzte erwähnte Prämisse einer möglichen Antwort auf die Frage nach der Ambivalenz der Straßenlampe betrifft die menschliche Umgebung nicht nur als objektive Welt, sondern als Lebenswelt, die nicht an und für sich ist, sondern für mich ist. Was an und für sich eine Straßenlampe ist – zum Beispiel ein physikalisches Phänomen und Resultat einer spezifischen historischen Entwicklung –, das ist ein Problem für Naturwissenschaftler und Soziologen und für zahlreiche andere Spezialisten. Zweifellos werden diese Spezialisten, wenn sie dieses Problem rücksichtslos bis in die letzten Konsequenzen verfolgen, nicht nur in einen gähnenden Schlund des Raums und der Zeit stürzen, sondern auch an ihrer eigenen angeblich objektiven Stellung der Straßenlampe gegenüber zu zweifeln beginnen. Aber was eine Straßenlampe für mich ist, das kann keiner dieser Spezialisten entscheiden, selbst wenn er nicht nur der Straßenlampe selbst, sondern auch mir gegenüber einen objektiven Standpunkt einnimmt. Er kann nämlich dann nur sagen, was von seinem objektiven Standpunkt aus, also für ihn, die Straßenlampe für mich ist. Und was eben geschrieben wurde, ist nichts als der Versuch, zu sagen, was für mich ein Spezialist ist, welcher versucht, zu sagen, was für ihn die Straßenlampe für mich ist. Also stürzt der Versuch, sich in der Umgebung existentiell zu orientieren, zwar nicht in einen gähnenden Schlund von Raum und Zeit, wie der wissenschaftliche Versuch, dafür aber in einen ebenso gähnenden Schlund von einander spiegelnden und sich hintereinander türmenden Subjektivitäten und Intersubjektivitäten. Und dem allem zum Trotz ist die Frage, was die Straßenlampe für mich ist, eigentlich keine Frage, so einfach ist sie. Ich nehme sie nur zur Kenntnis, wenn sie mich entweder stört, durch zu große Intensität oder durch Defekt oder durch Fehlen, oder, wie jetzt, wenn ich ihr absichtlich und unter Durchbruch des Gewöhnlichen, mein Augenmerk schenke. Sonst ist die Straßenlampe für mich ein Teil jener verächtlichen Umgebung, auf die ich mich zu verlassen dürfen glaube und die dazu geschaffen wurde, verachtet zu werden, jener Umgebung also, die man »Kultur« nennt. Wenn ich sie aber auch verachte, so ruft sie in mir doch eine Stimmung hervor, eben die Abendstimmung oder die Vormorgenstimmung. Ich bin auf meine Kultur abgestimmt, ich stimme mit ihr zum Teil überein und zum Teil nicht überein, und so wird die Kultur, die angeblich geschaffen wurde, um mich zu befreien, zu meiner Bedingung. Das also ist die Straßenlampe für mich: eine meiner Bedingungen, die ich für gewöhnlich nicht zur Kenntnis nehme. Und da sie *meine* Bedingung ist, kann sie in diesem Sinn von niemandem als von mir selbst verstanden werden, wenn ich sie auch mit anderen teile und anderen verdanke.

Wie also soll die provisorische Antwort auf die Frage nach der Ambivalenz der Straßenlampe nach kurzer Überlegung einiger ihrer Prämissen vom Standpunkt des Rhythmus aus neu gefaßt werden? Etwa so: Mein Leben folgt einem Rhythmus, der mir zum großen Teil von meiner Kultur aufgezwungen wurde und den ich zu einem kleinen Teil selbst gewählt zu haben glaube. Der Kulturrhythmus selbst ist zum Teil Folge eines biologisch bedingten menschlichen Lebensrhythmus, zum Teil Folge einer bewußten oder unbewußten Verwandlung dieses biologisch bedingten Rhythmus. Jedenfalls ist der Kulturrhythmus, und nicht der biologische, meine Bedingung, gegen die es gilt, nach Möglichkeit meine Freiheit zu behaupten. Die Straßenlampe gibt immer vor, abends wie frühmorgens, daß sie, als Teil des Kulturapparats, der sie ist, mich von der natürlichen Bedingung befreit, und »Nacht in Tag verwandelt«. Abends bin ich geneigt, ihr Glauben zu schenken, weil mich der Kulturapparat als Ganzes in Bann hält. Darum funktioniert die Lampe, wie sie soll, nämlich als Schleier. Vormorgens durchschaue ich ihren Vorwand, weil, wenn ich erschlaffe, auch der Griff des Kulturapparats über mich erschlafft, da ja der Apparat nicht nur von außen wirkt, sondern vor allem in meinem Innern. Darum gewinnt die Lampe vom Apparat nichtgewünschte Aspekte. Eine unter den noch offenstehenden Methoden, sich des Wesens der Kultur bewußt zu werden, ist also die, am Vormorgen durch die beleuchteten Straßen einer Großstadt zu gehen. Dann zeigt die Kultur einen ihrer sonst verborgenen Aspekte: ihre Schäbigkeit als Kulisse. Ebenso, wie sie am Abend einen von ihr selbst gepriesenen Aspekt zeigt: die Festlichkeit der Kulisse. Das also ist die Straßenlampe: Teil einer rhythmischen Kulturkulisse, von der ich je nach der Phase ihres Rhythmus bedingt bin.

Soll nun die Fragestellung nach der Ambivalenz der Straßenlampe in Richtung »Kunst« vorgetrieben werden, dann wird vor allem das Künstliche an dieser Beleuchtungsart in den Vordergrund treten. So gestellt, wird die Frage allerdings eine Reformulierung erheischen. Sie wird etwa lauten: Wie kann die Straßenlampe, als künstliche Beleuchtung, die sie ist, einmal, am Abend, theatralisch beschönigen und das andere Mal, am Vormorgen, antitheatralisch enthüllen? Mit anderen Worten: Wie kann ein Kunstwerk, die Straßenlampe, einmal die Wahrheit der Wirklichkeit durch eine eigene »Überwahrheit« überholen und das andere Mal die Wahrheit der Wirklichkeit konkret zum Vorschein bringen? Wie kann es einmal uns ideologisch »in eine bessere Welt entrücken« und das andere Mal uns realistisch »das Wesen der Welt eröffnen«? Die Frage, welche die Ambivalenz der Straßenlampe aufwirft, ist also nicht: Ist Kunst entfremdend oder integrierend?, sondern: Wie kann dasselbe Kunstwerk unter Umständen entfremden, unter anderen integrieren? So daß die Ambivalenz der Straßenlampe das Problem: »reiner« Künstler oder »engagierter« Künstler? einem weit radikaleren Problem unterordnet, nämlich: »reine« oder »engagierte« Kunst je nach dem Kontext des Empfängers.

Auch bei dieser Art, die Frage zu stellen, läßt sich eine provisorische Antwort geben. Allerdings wird das bei der ersten Fragestellung zutage Geförderte auf diese provisorische Antwort nicht ohne Wirkung bleiben. Diese Antwort könnte etwa so lauten: Die abendliche Straßenlampe wirkt »rein«, ist Katharsis, weil im Abendkontext der Großstädte sich die Gesellschaft festlich dem Künstlerischen öffnet, und die Straßenlampe des Vormorgens wirkt »politisierend«, ist Durchbruch von Ideologien, weil im Vormorgenkontext der Großstädte sich die Gesellschaft ernüchtert der Wirklichkeit öffnet. Das Künstliche der Straßenlampe wirkt künstlerisch am Abend und gekünstelt am Morgen, weil am Abend ihr Kontext die Kunst, am Vormorgen die Wirklichkeit ist. Zweifellos gibt es Parallelen zwischen dieser provisorischen Antwort und der unter der ersten Fragestellung gebotenen, aber die Richtung, in welche solch eine Antwort zu weisen scheint, ist doch völlig von der ersten verschieden. Diese Richtung kann vorderhand als die »politische« angesehen werden.

Die Straßenlampe ist ein öffentlicher Beleuchtungskörper und gehört in diesem Sinn dem politischen Raum an. Denn wie anders kann man den Begriff »öffentlich« verstehen als jenen Raum, in welchem vorher Verschlossenes ausgestellt, veröffentlicht, publiziert, also politisiert wird? Daß die Straßenlampe ausgestellt ist, daß sie Teil einer Ausstellung ist, macht sie ja erst eigentlich zu einem Kunstwerk, und das besagt wiederum, daß es der politische Aspekt der Straßenlampe ist, der berechtigt, von ihr als von einem Kunstwerk zu sprechen. Aus dieser Überlegung ist nun zu folgern, daß das Politische im Wesen der Kunst liegt, daß es eine unpolitische Kunst nicht geben kann und daß, wer von »reiner« Kunst spricht, damit nicht eine unpolitische Kunst meint, sondern eine Kunst, welche in der Politik eine andere Rolle spielt als die »engagierte«. Die provisorische Antwort auf die Frage nach der Ambivalenz der Straßenlampe wirft also, von diesem Standpunkt aus, folgendes Problem auf: Wenn die Straßenlampe immer politisch ist, als Kunstwerk, das sie ist, wie kann sie das eine Mal entpolitisieren, das andere Mal politisieren?

Die Antwort auf dieses Problem wird, wie immer sie lauten mag, mit der gegenwärtigen Verschiebung des Begriffs »Öffentlichkeit« zusammenhängen müssen. Wiewohl die Straßenlampe nämlich zweifellos ein öffentliches Phänomen ist, so besteht doch gegenwärtig Zweifel darüber, ob sie mit Recht ein »politisches« genannt werden sollte. Sie gehört nämlich zu jenen Phänomenen, die die sogenannte »Massenkultur« ausmachen, und diese Kultur unterscheidet sich von allen anderen durch ihre Tendenz, den an ihr Beteiligten zu entpolitisieren. Das ist so zu verstehen: Alle übrigen Kulturen sind Veröffentlichungen eines vorher Privaten, die Massenkultur aber ist umgekehrt ein Besetzen des öffentlichen Raums mit Privatem. Während alle übrigen Kulturen durch Aufschließen des Privaten dem Politischen Raum gewähren, verstellt die Massenkultur den politischen Raum mit ausgestelltem Privaten, zum Beispiel mit Straßenlampen. Daß diese Behauptung stimmt und nicht ein Spiel mit Worten ist, kann ohne weiteres an der abendlichen Straßenlampe erfahren werden.

Die Stimmung des Politischen ist verantwortungsvolle Entscheidung. Es tritt im politischen Raum der andere an mich heran – weil er nämlich aus sich selbst heraustritt – und fordert, daß ich ihm Rede und Antwort stehe. Diese Verantwortung übernehme ich, wenn ich zum anderen Stellung nehme. Der so entstehende Dialog kann zu Entscheidungen führen, welche seine und meine Zukunft betreffen. Die Stimmung der Massenkultur ist verantwortungsloses Verbrauchen. In ihrem Raum dringt der andere tief in mich hinein, in mein Privatestes, und erlaubt mir keine Antwort. Sondern er bedingt mich, und zwar bedingt er mich zu verantwortungslosem Verbrauch seines in mich Eingedrungenen, seines »Produktes«. So daß der Raum der Massenkultur zwar öffentlich ist in dem Sinn, daß sich darin der andere ausstellt, aber unpolitisch in dem Sinn, daß er mir nicht erlaubt, dem anderen Rede und Antwort zu stehen. Und dies ist auch tatsächlich das abendliche Erlebnis der Straßenlampe: Ich brauche sie und verbrauche sie, ohne für sie Verantwortung übernehmen zu können. Sie entpolitisiert mich.

Damit ist in großen Zügen ein wichtiger Aspekt der gegenwärtigen Krise der Künste gegeben. Die abendliche Stadt mit ihren beleuchteten Straßen, mit ihren Auslagen und Lichtreklamen, mit den sie durcheilenden Autos und den sie durchschreitenden, bunt gekleideten Menschen, mit den in ihren Kinos laufenden Filmen, mit den in ihren Lokalen tönenden Schallplatten, mit den in ihren Zeitungsständen prunkenden Illustrationen, diese abendliche Stadt ist eine festliche Ausstellung der Kunstwerke der Massenkultur von solcher Intensität und von solchem Ausmaß, daß mit ihr keine wie immer geartete Ausstellung einer etwaigen anderen Kultur in Konkurrenz zu treten fähig ist. Die Massenkultur besetzt den öffentlichen Raum mit ihrer Ausstellung so weit und so stark, daß für eine Kultur im politischen Sinn immer weniger Platz bleibt. Und zwar besetzt sie diesen öffentlichen Raum nicht nur in unserer Umgebung, sondern in unserem eigenen Inneren, denn es ist ja ihr Wesen, in unser Inneres einzudringen, uns von Innen heraus zu bedingen, also sich zu privatisieren. So daß sie den politischen Raum nicht nur von außen besetzt, sondern auch verhindert, daß wir uns seinen etwaigen Resten öffnen. Die gegenwärtige Krise der Kunst hat also damit zu tun, daß sie weder in unserer Umgebung noch in unserem Inneren genügend Raum findet, uns zur Verantwortung zu rufen, in der wir uns entscheiden könnten. Die Kunst ist gegenwärtig in der Krise, weil die Politik heute zu versiegen droht. Und, wie gesagt, Kunst und Politik sind auf das engste verbunden.

Man kann, wenn man will, die Massenkultur mit dem verächtlichen Wort »Kitsch« bezeichnen und etwa behaupten, daß die Straßenlampe Kitsch sei. Dazu ist man berechtigt, wenn man bedenkt, wie die Straßenlampe am Abend alles theatralisch beschönigt. Aber nimmt man eine solche ästhetisierende Stellung zu ihr ein, dann verfehlt man völlig nicht nur die Ambivalenz der Straßenlampe, sondern der Massenkultur als Ganzes. Und zwar äußert sich diese Ambivalenz als innere und als äußere Dialektik. Als äußere Dialektik tritt diese Ambivalenz in der doppelten Funktion der Straßenlampe zutage, in der kitschigen vom Abend und der engagierenden vom Morgen. Und als innere Dialektik tritt sie zutage, wenn man den abendlichen Kitsch als Katharsis erlebt und das morgendliche Engagement als Profanierung. Dieser inneren Dialektik der Straßenlampe – und der Massenkultur überhaupt – sei jetzt das Augenmerk gewidmet.

Die abendliche Straßenlampe und die abendliche Stadt sind kitschig für den, der sich auf den Boden althergebrachter Kulturwerte stellt, also politischer Werte. So einem ist das Schauspiel, das ihm da geboten wird, eine theatralische, sensationelle und zutiefst verlogene Tarnung der für ihn wahren, nämlich politischen Lage. Aber für den, der auf dem Boden der Massenkultur selbst steht, ist die abendliche Stadt nicht Schauspiel, sondern eine Wirklichkeit, welche die althergebrachte nicht verhüllt, sondern überholt hat. Für so einen ist sie Katharsis in dem Sinn, daß sie ihn einer Verantwortung enthebt, zu der vergangene Geschlechter verurteilt waren. Denn sie ersetzt Verantwortung durch Wahl unter dem Angebotenen und Entscheidung durch Reichtum des Angebotes. So einem bietet die Massenkultur einen Raum, in dem er nicht mehr politisch, sondern ästhetisch motiviert ist. Er lebt in der Nachgeschichte. So daß man sagen könnte, daß das, was vom Althergebrachten her Kitsch, vom Neuen, nämlich von der Massenkultur her, »reine« Kunst ist. Nämlich eine Kunst, die das Politische überholt hat. Diese innere Dialektik ist also nicht ein Widerspruch in der Straßenlampe selbst, sondern ein Widerspruch im Verbraucher der Straßenlampe. Weder die Straßenlampe noch die Stadtbehörden, die sie schufen, sondern der unter ihr Schreitende, ist Bühne dieses Widerspruches. Dazu ist nun allerdings zweierlei zu sagen. Erstens ist es sehr schwer, der abendlichen Stadt gegenüber einen althergebrachten Standpunkt einzunehmen, weil nämlich der Mensch heute nicht der Stadt gegenübersteht, sondern in sie gestellt ist. Und zweitens ist es im Gegenteil sehr schwer, die Werte der Massenkultur als solche anzuerkennen, ohne sie mit althergebrachten Werten zu vergleichen, weil nämlich der Mensch heute noch weitgehend ein Resultat des Althergebrachten ist und fast unfähig, sich davon zu lösen. So daß vielleicht die innere Dialektik von Kitsch und Katharsis ein Symptom einer zu überwindenden Krise ist, in der sich die Menschheit heute befindet. Kommenden Geschlechtern wird vielleicht der Begriff »Kitsch« nichts mehr sagen. Dies ist eine für uns Althergekommene ziemlich schauerliche Prognose, denn sie besagt, daß die Zukunft ein kitschiges Paradies ist. Aber das, was uns als Ende der Kunst im wahren Sinn dieses Wortes erscheint, mag für die Kommenden eben den Einbruch der Kunst und das Ende der Politik bedeuten.

Dieselbe Erfahrung, die wir auf diese Art an der abendlichen Straßenlampe erleben, können wir, mutatis mutandis, auch an der morgendlichen machen. Stehen wir auf dem Boden der althergebrachten Geschichte, dann beleuchtet die morgendliche Straßenlampe für uns mit aller Brutalität die Schäbigkeit der Massenkultur als Kulisse, die sich vor die Wirklichkeit stellt. Sie weist uns also dann einen noch offenen Weg, wie wir echte Kunst betreiben können. Nämlich eine Kunst, welche die Massenkultur bloßstellt. So wird uns die Straßenlampe zum Prototyp einer Reihe von enthüllenden und darum im althergebrachten Sinn engagierten Kunsttendenzen, zum Beispiel des Pop oder des Ambientalen. Und auch, in einem anderen Sinn, des Surrealistischen, des Phantastischen, des Existentialen. Also erscheint uns dann die Straßenlampe als Prototyp für das Öffnen von Breschen in eine Massenkultur, welche droht, totalitär zu werden. Durch diese Breschen hindurch werden wir dann, wenn wir Künstler sind, versuchen, politische, psychologische, ökonomische, im Grunde also religiöse Werte in die Massenkultur zu zwängen, um sie »menschlich« zu machen. Denn also diese Werte sind menschliche Werte im Sinn des althergebrachten, geschichtlichen Menschen. In diesem geschichtlichen Sinn werden wir uns also dann engagieren, um die Ideologie der Massenkultur zu brechen. Stehen wir jedoch der morgendlichen Straßenlampe gegenüber auf dem Boden der Massenkultur selbst, dann werden wir sie zwar auch als Ernüchterung, aber im Sinne von Profanierung erleben. Zwar auch als eine Bresche also, aber als Bresche, in die nicht Werte dringen, sondern aus der sie heraussickern. Als Wunde. Nicht etwa, daß wir uns bei einem solchen Erlebnis engagieren würden, diese Wunde zu schließen, denn ein Engagement ist für einen, der auf dem Boden der Massenkultur steht, ausgeschlossen. Aber wir werden dann eben die Grenzen erleben, die dem Taumel, der Trunkenheit, dem »trip« errichtet sind, und zwar dem Taumel als Kultur »tout court«, denn Massenkultur ist für uns dann mit Kultur synonym, und Grenzen, die von der Unkultur errichtet sind. Und unsere Reaktion auf dieses Grenzerlebnis wird ein erneutes Untertauchen in den Taumel sein – eine Reaktion, denn Aktion ist auf dem Gebiet der Massenkultur ausgeschlossen. So daß uns zwar das Erlebnis der morgendlichen Straßenlampe ernüchtert, aber in dem Sinne, daß es das Entsetzen der Nüchternheit aufdeckt, weil es nämlich das Unkünstlerische enthüllt. Die innere Dialektik des Erlebnisses der morgendlichen Straßenlampe ist also, wie die der abendlichen, eine Dialektik eines Verbrauchers, der von althergebrachter Wirklichkeit herkommt und von neuer Überwirklichkeit bedingt ist. Darum spürt er morgens an der Straßenlampe sowohl den Ekel vor dem »Falschen« wie vor dem »Echten«.

Bei dieser Führung der Frage nach der Ambivalenz der Straßenlampe in Richtung auf die Kunst, und darum die Politik, wird auf das peinlichste klar, warum es heute so schwer ist, sich in seiner Umgebung zu orientieren. Die Ursache der Schwierigkeit ist, daß in uns und in unserer Umgebung eine gewaltige Wandlung vor sich geht, ein Umbruch, der unser eigenes Wesen und das Wesen unserer Umgebung grundsätzlich zu verändern beginnt. Nicht nur wir gehören zwei Welten an, der geschichtlichen und der noch unbenannten anderen, welche dahindämmert. Auch die Straßenlampe. Auch sie ist zugleich Produkt einer geschichtlichen Entwicklung und aus dieser Entwicklung zu erklären und zugleich Teil der Massenkultur, also einer Kultur, für die geschichtliche Erklärungen immer bedeutungsloser werden. Der Umbruch geht also, im Grunde genommen, weder in uns vor noch in der Straßenlampe, sondern in unserem Verhältnis zur Straßenlampe. Was im Begriff ist, sich zu verändern, ist, was wir für die Straßenlampe sind und was die Straßenlampe für uns ist. Vor diesem revolutionären Umbruch verblaßt völlig die althergebrachte »objektive«, metaphysische Frage, was wir an und für uns sind und was die Straßenlampe an und für sich ist, und zwar verblaßt diese Frage, weil sie zunehmend einen Sinn zu haben aufhört. Und das bedeutet im Grunde: der Tod Gottes.

Nun also kann die provisorische Antwort auf die von der Ambivalenz der Straßenlampe in Richtung Kunst aufgeworfene Frage neu gefaßt werden. Sie könnte nun etwa so lauten: Stellen wir uns auf die Geschichte, dann ist uns die abendliche Straßenlampe Kitsch und die Vormorgenlampe Ausgangspunkt für eine Kunst der Avantgarde. Stellen wir uns auf die Massenkultur, dann ist uns die abendliche Straßenlampe Katharsis und die Vormorgenlampe eine ekelhafte Unterbrechung des reinigenden Festes. In dieser Formulierung der Antwort wird klar, daß das Problem der Kunst – und damit des Lebens überhaupt heute – nicht im Erzeuger oder im Werk, sondern im Verbraucher ankert. Und das ist der Sinn des Ausdrucks: Konsumgesellschaft. So daß es möglich ist, das Folgende zu sagen – und damit wird die Dialektik der Sache geradezu entsetzlich: Selbst wenn wir uns auf den Boden der Geschichte stellen, wie in der angebotenen Antwort gesagt wird, stehen wir, eben weil wir uns auf ihn stellen können, statt auf ihm zu stehen, bereits außerhalb der Geschichte. Oder: Selbst wenn wir sie verneinen, sind wir in der Konsumgesellschaft.

Zwei Antworten hat uns also die Verfolgung unserer Frage in zwei verschiedene Richtungen geboten. Die erste lautet: Straßenlampen sind Teil einer rhythmischen Kulturkulisse. Die andere: Sie sind Teil unseres ambivalenten Verhältnisses zur Massenkultur, einer Bindung, die bindet, auch wenn sie versucht, sich zu lösen. So daß die Ambivalenz der Straßenlampe in der ersten Antwort als für uns äußere Dialektik erscheint, in der zweiten als Dialektik, die in unserem Verhältnis zu ihr liegt. In der ersten als Rhythmus der Kultur, in der zweiten als Zerrissenheit in unserem Inneren. Die beiden Antworten ergänzen einander, erschöpfen aber bei weitem nicht das Problem, das von der Straßenlampe gestellt wird. Andere Frageführungen sind möglich und nötig, zahlreiche andere, vielleicht unzählige andere. Und dazu kommt, daß es Standpunkte gibt, zahlreiche, vielleicht zahllose, welche die beiden gebotenen Antworten, und andere nicht gebotene, gemeinsam in den Griff bekommen. Mit anderen Worten: Eine radikale Führung der Frage nach der Straßenlampe beweist, daß die menschlichen Bedingungen heute nicht mehr, wie vielleicht früher, auf eine oder einige Wurzeln zurückgeführt werden können. »Radikal« bedeutet eben heute nicht mehr: »bis zur Wurzel«, sondern: »bis dorthin, zu jenem Loch, wo eine Wurzel wäre, gäbe es Wurzeln«. Nur in diesem Sinn kann heute der Versuch unternommen werden, sich zu orientieren: im Sinn von Verstehen, warum wir desorientiert sind.

Gärten

Wer in einer Vorstadt wohnt, deren Gartencharakter die Absicht hat, vom zerklüfteten Steinwüstencharakter des Stadtzentrums abzustechen, erlebt den Garten nicht als eine der Natur abgerungene Einfriedung, sondern als einen etwas lächerlichen Versuch, ein wenig Natur in die Kultur hineinzuschmuggeln. Dies ist ein für den gegenwärtigen Menschen sehr bezeichnendes Erlebnis, und wäre es nicht von Gewöhnung zugedeckt, könnte es als ein Schlüssel für die Entzifferung unseres heutigen Daseins dienen. Es ist nämlich ein Erlebnis, das unser Leben in eine ganz andere Stimmung taucht als die, in der wahrscheinlich unsere »geschichtlichen«

Ahnen lebten. Wir Nachzügler der Geschichte ergehen uns nicht, wie unsere Vorfahren, in lächelnden, sondern in lächerlichen Gärten. Das von hier aus gesehen archaische Lächeln hat sich bei uns zur leichten Grimasse der Lächerlichkeit verzogen. Wir tragen andere Masken als unsere Ahnen, wir sind Personen anderer Art, und der Unterschied zwischen unserer Gartenmaske und ihrer ist ein Beispiel für den Unterschied zwischen Personen der Geschichte und der heraufdämmernden Nachgeschichte.

Historisch gesehen ist der Garten, so wie er uns überkommen ist, Resultat einer seltsamen Konvergenz völlig heterogener Tendenzen. Es ist allerdings fraglich, ob für uns historische, also genetische, Erklärungen überhaupt noch Bedeutung haben und ob wir uns nicht ausschließlich für räumliche, also strukturale Erklärungen interessieren. Diese Frage sei für den Augenblick beiseite gelassen. Denn der Garten als Resultat einer Konvergenz ist ein Beispiel für einen historischen Prozeß, der auch struktural sehr interessant ist. Wer die Geschichte zum Beispiel dialektisch sieht oder als Auseinanderfaltung divergierender und sich verzweigender Tendenzen – also als revolutionären Überholungsprozeß oder als entropischen Prozeß, bei dem implizite Möglichkeiten explodieren –, für den sind Konvergenzen immer problematisch. Er hat Schwierigkeiten, den Garten, so wie wir ihn kennen, innerhalb seiner Geschichtsstruktur zu erklären. Denn von einer Wüstenkultur aus gesehen, ist der Garten Oase, von einer Waldkultur im gemäßigten Klima aus ist er Lichtung, von einer tropischen Regenwaldkultur aus ist er Rodung, von einer Steppenkultur aus ist er Hain, von einer Fluß- und Sumpfkultur aus ist er Entwässerung, von einer Gebirgskultur aus ist er saftig. Von all diesen und vielen anderen Kulturtypen aus ist der Garten entstanden, also als Versuch, völlig verschiedene Ziele zu erreichen, und doch ist das Resultat ein allen diesen Versuchen Gemeinsames, nämlich eben der Garten. Das ist leicht zu erklären. Der Garten ist überall Resultat des Versuchs, die Natur zu einer idealen Umwelt für den Menschen umzugestalten, und dieses Ideal ist überall dasselbe und widerspricht überall der gegebenen Umwelt auf spezifische Weise. Die Frage ist nur: Wie kann diese selbstverständliche Erklärung in die heute vorherrschenden Geschichtsauffassungen eingebaut werden, ohne deren Struktur zu zerreißen?

Historisch gesehen ist also der Garten ein von zahlreichen Ausgangspunkten, genannt: »Wirklichkeiten«, aus unternommener Versuch, die Natur, so wie sie ist, so zu verwandeln, daß sie sei, wie sie sein soll, genannt: »Verwirklichung der Werte«. Der Garten als ein Ziel der Geschichte, und zwar als ein Ziel, wohin alle Kulturen konvergieren. »Utopie« hieße dann unter anderem auch: allumfassender Garten. Und dies wäre übrigens keine üble Interpretation des Ausdrucks »Paradies auf Erden«, denn was ist »Paradies«, wenn nicht eine mythische Extrapolation des Gartenideals vom Ende auf den Anfang der Geschichte? Nur hat, wie das eingangs erwähnte und für die Gegenwart charakteristische Gartenerlebnis beweist, eine solche Interpretation für uns heute so gut wie keine Bedeutung. Und das bedeutet wieder, daß für uns »Paradies auf Erden« so gut wie keinen Sinn hat, ja, daß es droht, etwas lächerlich zu klingen. Denn anders als unsere Ahnen leben viele von uns bereits in den hängenden Gärten der Semiramis, also in diesem Sinn im Paradies, also träumen wir nicht nur vom Ziel der Geschichte, sondern müssen es täglich erleben.

Anders also als historisch muß der Garten heute angesehen werden: nämlich als der bewußt verlogene Versuch, einen sehr weitgehend von der Kultur bedingten und durch die Kultur verdingten Menschen von dieser Kultur zu befreien und ihn in die Natur zurückzuführen. So daß man heute nicht von Gartenkultur, sondern von Antikultur der Gärtnerei sprechen sollte. Nur daß das Präfix »Anti-« heute leider derselben Lächerlichkeit zu verfallen droht wie der Garten. »Bewußt verlogener Versuch« heißt in nobleren Kontexten: »konventionierter Kodex«. Der Garten ist jener durch Konvention zu Natur kodifizierte Teil unserer Umgebung, in dem wir dem Getriebe des Kulturapparats zu entkommen trachten. Ein Trachten, das allerdings von vornherein als vereitelt angesehen werden muß, weil es ja im Wesen der Natur liegt, »gegeben« zu sein, also nicht konventionell als solche kodifiziert werden zu können. So daß wir, wenn wir im

Garten lustwandeln, in Wirklichkeit uns nicht etwa in der Natur ergehen, sondern in einer »Natur« betitelten Abteilung des Kulturapparats funktionieren. Mit anderen Worten: eine Funktion innerhalb des Kulturapparats erfüllen, welche vorgibt, eine Antifunktion zu sein, aber in Wirklichkeit in Synchronisation mit anderen Funktionen die Struktur unseres Lebens als Funktionäre, die wir sind, ausmacht.

Es ist also, will man das Wesen des heutigen Gartens erfassen, vor allem geboten, es in dem ihm entsprechenden Kontext, nämlich im Kontext des Kulturapparats, zu fassen. Die Frage muß also lauten: Was ist der Garten innerhalb des Kulturapparates? Worin unterscheidet er sich von anderen Departements, wie ist er mit anderen Departements gekoppelt, und welchem Zweck dient er? Denn das Zweckhafte charakterisiert alle Teile des Apparats und das Zwecklose den Apparat als Ganzes. Die Antworten auf diese auseinandergefaltete Frage liegen auf der Hand und sind diese: Der Garten unterscheidet sich von anderen Departements vor allem durch ein Vorwiegen von Pflanzen und durch einen heute überraschenden Mangel an Maschinen. Er verbraucht Güter, die ihm von anderen Departements geliefert werden, und erzeugt Sauerstoff, der von menschlichen Funktionären in anderen Departements verbraucht wird. Und er hat den Zweck, im Funktionär die Illusion einer Lockerung der totalitären Fesseln zu wecken, um ihn desto straffer binden zu können. Diese Antworten liegen nun zwar alle auf der Hand, aber erfordern, jede für sich, nähere Betrachtung.

Pflanzen sind in dem Sinn natürliche Wesen, daß sie eine nicht vom Menschen entworfene Struktur aufweisen, daß sie einem nicht vom Menschen entworfenen Prozeß entspringen und daß sie vom hypothetischen Urmenschen als gegeben in dessen Umgebung vorgefunden wurden. Wie alle übrigen natürlichen Wesen, eingeschlossen sich selbst, hat der Mensch zwar die Pflanzen als gegeben vorgefunden, er hat sie aber nicht als solche angenommen. Sondern er hat tief in ihre Struktur eingegriffen und sie selbstentworfenen Prozessen unterworfen, um sie in seine Gewalt zu bekommen. Damit hat er ihre Natürlichkeit vergewaltigt und hat Kulturpflanzen aus ihnen geschaffen. Sein Ziel war dabei, die Pflanzen zu benützen, also nützliche Pflanzen von Schädlingen zu trennen. Damit führte er ein der Natur völlig fremdes Wertsystem in die Flora ein, und das eben heißt: »Verwirklichung der Werte«. Diese Werte waren Nutzwerte, also praktische, ethische Werte, und die ihnen etwa anhaftenden ästhetischen Komponenten wurden nur sozusagen mitgenommen. Bei Gartenpflanzen jedoch unternahm der Mensch in der Verwirklichung der Werte einen weiteren Schritt, über die Ethik hinaus in die Ästhetik, und die etwaigen Nutzwerte der Gartenpflanzen sind ebenso akzidentell, wie es bei Nutzpflanzungen die ästhetischen waren. Diese scheinbare Nutzlosigkeit des Gartens erweckt die Illusion des Natürlichen, weil ja die Natur in ihrer Wertlosigkeit von Nutzlosigkeit charakterisiert wird. In Wirklichkeit ist aber der Garten noch weit unnatürlicher als die Nutzpflanzung, weil er nicht wie die Natur wertlos ist, sondern noch einen weiteren Schritt in der Verwertung der Natur darstellt. In der Tat stellt er das Problem dar, wie die Natur nach Verwirklichung ethischer Werte weiter verwertet werden kann und soll, also nicht nur das Problem der Gartenkunst, sondern aller Künste. Getrennt vom übrigen Kulturapparat betrachtet, wirft der Garten die Frage auf: Kann und wird es einen Menschen geben, der ökonomische Motive durch ästhetische ersetzt, zum Beispiel den Gärtner? Das ist eine zukunftsträchtige Frage, denn vorläufig gibt es ihn nicht, da ja der Gärtner, wie jeder andere Künstler, vom Kulturapparat für dessen pseudoethische Zwecke verbraucht wird. Also: Der Garten ist ein ästhetisches Departement des Kulturapparats und als solches eingebaut in ein pseudoethisches Gefüge. Sein relativer Mangel an Maschinen ist also nur Vorwand.

Daß er nur Vorwand ist, wird aus der Stellung des Gartens im Gesamtgefüge ersichtlich. Denn er ist Resultat von Maschinen, verwendet, wenn auch nur geringfügig, Maschinen, verwendet Maschinenprodukte und dient zukünftiger Bedienung von Maschinen, durch die körperliche und seelische Erholung, die er Maschinendienern spendet. Trotz der prüden Verschleierung des Mechanischen in den heutigen Gärten, im Vergleich zum Beispiel mit den Gärten der Aufklärungsepoche, trotz ihrer nachromantischen Betonung ihrer sogenannten Natürlichkeit, sind sie in Wirklichkeit typische Phänomene der industriellen Revolution, und zwar nicht so sehr der Rasenmäher wegen, die in ihnen rattern, oder der Erdmaschinen, die sie ebnen, sondern wegen ihrer mechanischen Funktion innerhalb des Gesamtapparates. Mechanisch wurden sie in der Stadtplanung oder in der Planung des Einzelhauses entworfen, zu mechanisch festgesetzten Zeitpunkten werden sie aufgesucht, und die in ihnen sich lustwandelnd oder »selbstmachend« Erholenden sind Teile eines Mechanismus. Es ist keine besondere Phänomenologie ihrer Bewegungen nötig, um das Mechanische dieses Phänomens aufzudecken.

Was aber das Wesen der Gärten am tiefsten trifft, ist ihr illusionärer Charakter, das also, was man in gewissen Kontexten eine »Ideologie« nennt. Der Garten ist eine Täuschung, und zwar nicht nur in dem oberflächlichen Sinn, daß er Natur vortäuscht, etwa miniaturisierte Natur wie Fischteiche und Felsen, sondern in dem tieferen Sinn, daß er Landbesitz, also das Private, vortäuscht. Er täuscht vor, daß der ihn Besitzende auf eigener Scholle steht, daß er Wurzeln hat, daß es ein Stück Erde gibt, auf dem er für sich selbst steht. Der Garten täuscht also vor, daß »cultiver son jardin« noch möglich ist, daß man also aus dem Gemeinen und Politischen ins Gesonderte und Private zurückkann, ohne dabei aus der Kultur herauszufallen. Diese Täuschung ist der eigentliche Zweck des Gartens, sein Beitrag zur Erhaltung des etablierten Apparates. Denn »cultiver son jardin« ist heute nicht mehr möglich. Der Gartenbauer ist kein Bauer mehr, weil nämlich Bauer sein bedeutet, sich der Natur entgegenzustellen und ihr Güter zu entreißen, und nicht, in eine Pseudonatur vor der Kultur zu flüchten. Weil nämlich der Bauer kein, wenn auch dazu konditionierter, Ästhet ist. Weil nämlich der Bauer eben nicht seinen Garten kultiviert, sondern sein Feld bestellt, um dessen Früchte zu Markt zu tragen. In diesem Sinn ist Bauer sein ein politisches Engagement im wahren Sinn dieses Wortes. Darum ist er in seiner Erde verankert, weil er ihre Güter veröffentlicht, sie der Gesellschaft öffnet. Der Bauer ist Publizist der Erde, und er hat Privates in dem Sinn, daß er einen eigenen Beitrag hat zur Gemeinschaft. Das Wort

»cultiver son jardin« ist ein spätes Wort in der Geschichte des Westens, voll bitterer Resignation, und es behauptet die Möglichkeit einer befreienden Loslösung vom Geschehen. Als es geprägt wurde, hat es diese Möglichkeit vielleicht tatsächlich gegeben. Es gibt sie nicht mehr. In alle Winkel ist heute der totalitäre Apparat gedrungen, in alle Gartenlauben. Nicht etwa so, daß er den ganzen Lebensraum eröffnet, publik gemacht, politisiert hätte. Sondern im Gegenteil so, daß er den ganzen Lebensraum massifiziert hat, und man kann von der Masse weder sagen, daß sie öffentlich sei, noch daß sie privat sei. Sie ist totales Entpolitisieren und totales Entprivatisieren zugleich. Die Gärten, die sich massenhaft um die Großstädte massieren und die die Tendenz haben, ganze Landschaften in Suburbia zu verwandeln, sind nicht Orte des Privaten, sondern Orte der bloßgestellten Masse. Aber eine Masse, die in ihren Gärten vereinzelt und vereinsamt die durchsichtige Maske des Privaten trägt, allerdings eines stereotypischen Privaten. Daher die Lächerlichkeit der Gärten. Mögen sie nun Zäune haben, wie in Europa und Südamerika, um Umwelten vorzutäuschen, oder nicht, wie in den Vereinigten Staaten, um die Tragikomödie der offenen Landschaft, des »common« zu spielen.

Die Möglichkeit des »cultiver son jardin« ist uns, den Gartenvorstadtbewohnern, genommen. Ganz anders müssen wir uns gegen die totalitäre Tendenz der Massenkultur wehren, falls wir uns wehren wollen. Seinen Garten bearbeiten ist heute keine Befreiung, sondern eine Funktion, die zur Erhaltung des Establishments beiträgt. Was immer wir in diesem Sinn tun, es bringt leider das Paradies auf Erden, zum Beispiel in Form eines alle Probleme, auch die ökologischen, lösenden allumfassenden Gartens, noch näher. Echter befreiender Rückzug ist heute kaum vorstellbar, ebensowenig wie echtes Engagement an Kultur und Geschichte. Denn über dem Horizont der bis zu ihm reichenden Gärten dämmert die Nachgeschichte. Das Betrachten unserer Gärten bringt uns dieses fahle Licht des Sonnenuntergangs unter schweren Wolken vielleicht etwas näher.

Schach

Dinge so anzusehen, als sähe man sie zum erstenmal, ist eine Methode, an ihnen bisher unbeachtete Aspekte zu entdekken. Es ist eine gewaltige und fruchtbare Methode, aber sie erfordert strenge Disziplin und kann darum leicht mißlingen. Die Disziplin besteht im Grunde in einem Vergessen, einem Ausklammern der Gewöhnung an das angesehene Ding, also aller Erfahrung und Kenntnis von dem Ding. Dies ist schwierig, weil es bekanntlich leichter ist zu lernen als zu vergessen. Aber selbst wenn diese Methode des absichtlichen Vergessens nicht gelingen sollte, so bringt ihre Anwendung doch Überraschendes zu Tage, und zwar tut sie das eben dank unserer Unfähigkeit, sie diszipliniert anzuwenden. Das kann am Beispiel der Betrachtung des Schachspiels erläutert werden.

Dort steht das Schachbrett, und auf ihm, in der Anfangsstellung geordnet, die Steine. Wenn man seine Aufmerksamkeit auf das Schachbrett allein richtet, dann mag einem gelingen, die Tatsache zu vergessen, daß es sich um ein Schachbrett handelt. Dies mag einem gelingen, weil ja das Brett nicht nur dem Schach dient, zum Beispiel auch der Dame und Wolf und Schafen, und weil es ja schachgemusterte Platten gibt, die ganz anderen Zwecken als dem Schachspiel dienen. Allerdings müßte man, um wirklich zu vergessen, auch die Kenntnis der Tatsache ausklammern, daß dieses Ding dort dienlich ist, also ein Kulturprodukt ist. Gelingt einem das, dann sieht man, je nach dem eingenommenen Standpunkt, eine Fläche, die in acht horizontale Reihen geteilt ist, die aus regelmäßig abwechselnden, hellbraunen und dunkelbraunen Quadraten bestehen, oder eine Fläche, die in acht vertikale, ebenso strukturierte Reihen geteilt ist, oder aber eine Fläche, die in eine nicht augenblicklich feststellbare Zahl von diagonalen Reihen geteilt ist, von denen abwechselnd die eine aus lauter hellbraunen, die andere aus lauter dunkelbraunen Quadraten besteht, wobei die Reihen vom Rand zur Mitte zu an Länge zunehmen, um von der Mitte zum Rand wieder abzunehmen. Während unter den beiden ersten Blickwinkeln das Brett geradezu übereinfach zu sein scheint, wirkt es unter dem dritten verwirrend, weil dann die Reihen wie Zahnräder ineinandergreifen, ohne sich richtig zu schneiden, weil das Brett keine klare Symmetrie aufweist und weil die Diagonalen von oben nach unten anders gelesen werden als von links nach rechts und weil sie eine Lesart bieten, bei der sie sich brechen und gleichsam gezackt die Fläche durchlaufen. Sofort aber entsteht im Beobachter folgende Frage: Sehe ich diese Fläche tatsächlich so, weil ich sie von verschiedenen unvoreingenommenen Standpunkten sehe, oder sind die Standpunkte in Wirklichkeit nicht voreingenommen, und zwar die ersten beiden vom Turm, und der dritte vom Läufer? Kann zum Beispiel der unvoreingenommene Damenspieler die beiden ersten Standpunkte ebenfalls einnehmen, und wenn ja, werden ihm die horizontalen und vertikalen Reihen ebenso wie mir erscheinen? Es kann wahrscheinlich auf diese Art von Fragen überhaupt keine Antwort gegeben werden, und die phänomenologische Methode der Beobachtung gerät bereits hier in einiges Schwanken. Obwohl offensichtlich die Phänomenologie eine ganze Reihe von Antworten auf diese Art von Fragen bietet.

Aber der Versuch, das Schachbrett unbefangen zu betrachten, bietet noch ganz andere Schwierigkeiten. Zum Beispiel: Ich tat mir Gewalt an, um von hellbraunen und dunkelbraunen Quadraten, statt von weißen und schwarzen Feldern zu sprechen. Ich tat dies, zum ersten, mit gutem phänomenologischen Gewissen. Denn mein Argument war dieses: Im Schachspiel besteht ein Übereinkommen, wonach das Brett in weiße und schwarze Felder aufgeteilt ist, gleichgültig, welche tatsächliche Farbe die Felder haben, nur müssen die »weißen« heller sein als die »schwarzen«. Und ein anderes Übereinkommen läßt uns von Feldern sprechen. Diese Konventionen habe ich vorschriftsmäßig vergessen und sehe jetzt, überrascht, daß das Brett in hellbraune und dunkelbraune Quadrate geteilt ist, eine Tatsache, die mir beim Schachspielen verdeckt bleibt. Aber sogleich entstehen folgende Bedenken: Mit welchem Recht kann ich von der »Tatsache« der hellbraunen und dunkelbraunen Quadrate sprechen? Sind etwa die Worte »hellbraun« und »dunkelbraun« nicht selbst Konventionen, so daß man sie nur versteht, wenn man sie gelernt hat, dann aber versteht, selbst wenn der Hörende eine andere Farbe sieht als der, welcher die Worte ausspricht? Und was die Quadrate betrifft, so liegt die Sache noch schlimmer. Das Wort stammt aus einer »Geometrie« genannten, hochkonventionierten Sprache. Es hat dort eine exakte Definition, und wenn ich das auf dem Schachbrett gesehene Phänomen genauer betrachte, kann ich ohne weiteres feststellen, daß die hellbraunen und dunkelbraunen Flecken dieser Definition nur sehr ungenau entsprechen. Aber ich muß sie gar nicht erst beobachten, um das zu wissen. Sie können dieser Definition auf keinen Fall entsprechen, weil nämlich die Definition, wie ich leider weiß, ein Ideal definiert, daß in der Wirklichkeit nicht vorkommt, und sei es nur, weil »Quadrat« eine Fläche meint, und in der Wirklichkeit im gemeinten Sinn Flächen nicht vorkommen können. Hinzu kommt aber der noch gewichtigere Einwand: Die gesehenen Flecken ähneln »Quadraten« ungefähr nur, wenn sie unter einem ganz bestimmten Blickwinkel angesehen werden. Aus anderen Winkeln erscheinen sie anders, zum Beispiel als verschiedene Arten von Parallelogrammen. Und der Blickwinkel, unter dem sie ungefähr wie Quadrate aussehen, ist nur mittels ziemlich komplizierter Berechnungen zu finden, und doch habe ich ihn eben in meiner Schilderung spontan und ohne Berechnung eingenommen. Was ist da geschehen?

Nun, es ist mir bei der Betrachtung des Schachbretts zwar etwas problematisch gelungen, das Schachspiel zu vergessen, aber es ist mir nicht gelungen, eine Reihe anderer Konventionen – Spiele – ebenso zu vergessen. Daß mir dies nicht gelang, brachte mir aber seinerseits die sonst vergessenen Konventionen ins volle Bewußtsein. Ich wurde mir plötzlich bewußt, daß ich das Schachbrett gar nicht ansehen kann, ohne auf diese Reihe von Konventionen zurückzugreifen. Und sicherlich nicht nur auf die Reihe von Konventionen, die plötzlich in meinem Bewußtsein erschienen, sondern noch auf eine Reihe weiterer Konventionen, die trotz meines Scheiterns im Unbewußten blieben. Die unerhörte Schwierigkeit einer unvermittelten und unmittelbaren Erfahrung tritt da plötzlich in einer Art Schwindel an mich heran, so daß das Schachbrett wie ein Abgrund vor mir gähnt und ich nicht wage, mich über den Rand zu beugen, aus Angst, hineinzustürzen. Denn Standpunktlosigkeit erscheint mir dann plötzlich als Bodenlosigkeit, und ich fühle, wie mir beim bloßen Versuch der Boden unter den Füßen verschwindet. Es ist seltsam, daß ich dies nicht etwa theoretisch erschließe, sondern ganz konkret fühle. Man könnte dieses Erlebnis einen konkreten ontologischen Taumel nennen.

Dies ist aber, wie gesagt, noch relativ einfach, im Vergleich zur Betrachtung der in Reih und Glied dort aufgestellten Steine. Und dabei war, auch in dem relativ einfachen Fall, von den meisten Schwierigkeiten gar nicht die Rede. Denn sollte ich etwa versuchen, die dort aufgestellten Steine »unvoreingenommen und naiv« zu schildern – etwa der Farbe und Form nach oder der Struktur ihrer Anordnung nach oder nach Größe, Gewicht und Material –, ich wüßte, daß ich dabei das Wesentliche des zu Schildernden verlöre. Denn wesentlich am Bauern ist nicht, das weiß ich und will es nicht vergessen, daß er wie eine unbeholfene kleine Pagode aussieht oder daß er gelb ist oder daß er aus Holz ist, sondern daß sich in ihm die Kraft ballt, vertikal voranschreiten, diagonal schlagen und unter Umständen dialektisch in eine Königin umschlagen zu können. Es liegt in seiner Natur, die es ja zu entschleiern gilt, in diagonalen Paaren gewaltig zu sein und in vertikalen Paaren meist hilflos und verloren dazustehn, außer natürlich, man bemerke das Wort »natürlich«, die Situation begünstige solch vertikale Paare. Und all das und vieles andere kann ich in dem stumm und dumm dastehenden Holzstück ersehen. Und sehe eben beinahe nichts als ein Holzstück, wenn ich all das vergesse.

Und was erst wäre zu sagen, wäre zum Beispiel vom Turm die Rede, von der Königin oder gar vom König ganz zu schweigen. Offensichtlich erinnert er an maurische Türme, so wie sie in Andalusien an den Felsstränden stehen und von Touristen bewundert werden, und darüber ließe sich auch eine Menge sagen. Aber gerade das soll er ja nicht, nämlich »erinnern«. Er soll unvermittelt zu Worte kommen, zum Beispiel als schwarzlackiertes Stück Holz, das hier und dort abgeschabt ist. Aber ich weiß, und will es nicht vergessen, daß das Wesentliche an ihm nicht das abgeschabte Stück Holz ist, und wahrscheinlich auch nicht die Türme in Andalusien, sondern die seltsame Tatsache, daß er zwar wie ein Panzer horizontal und vertikal das ganze Brett durchsausen kann, alles vor sich niederreißt, und selbst wenn er stillsteht, wie eine stumme Drohung bis zum Horizont hin sein Kraftfeld ausstrahlt, daß ihn aber eine Bauerndiagonale in ihrem bloßen und stummen Dastehn geradezu kastriert und entmachtet. Darum verwandelt sich das Stolze und Brutale an ihm, das ihn im Mittelspiel so charakterisiert, allmählich und kaum merklich in Hinterlist und Tücke, wenn er nämlich im Endspiel versucht, sich um die Bauern herumzuschleichen, um sie von hinten anzugreifen. Gelingt ihm das aber, dann kommt sein ursprünglicher Charakter wieder zu Wort, und es entsteht ein Gemetzel unter den Bauern. Und bei all dem ist es mit seinem Heldenmut nicht so weit her, denn zu Anfang verkriecht er sich in eine Ecke und lauert, und am Ende wird er oft vom König selbst in Schutz genommen, wenn er sich armselig bemüht, einem vorwärtsstürmenden Bauern den Weg zu verstellen. So ein komplexes Wesen ist der Turm, es ist ihm zwar kaum anzusehen, aber all dies und mehr liegt tief in ihm verborgen. Wenn nicht vor allem dies, was anderes sollte eine Schau des Turmes ans Tageslicht bringen?

Worum es sich hier also handelt, ist, welches »Wesen« die Wesensschau ansieht, wenn sie Dinge ansieht. Denn es wird ja im Fall des Schachspiels ersichtlich, daß sich in ihm mehr als *ein* Wesen verbirgt und daß das eine aus dem Blickfeld verschwindet, sobald ein anderes in Erscheinung tritt, und zwar durch absichtliches Vergessen des ersten. Wenn wir zum Beispiel absichtlich vergessen, daß das Schachspiel ein Spiel ist, dann kann eine Schau das historische Wesen des Schachs erblicken, etwa sein andalusisches Schicksal. Und wenn sich diese Schau anders ausrichtet, dann erblickt sie vielleicht das hölzerne Wesen des Schachs, etwa die Maserung des Baums, aus dem die Steine geschnitten wurden. Also hängt das Erblicken eines Wesens des Dings von der Art ab, wie wir uns diesem Ding öffnen. Mit anderen Worten: Wir finden im Ding zwar nicht, *was* wir suchen, aber *wie* wir suchen. Die

Entdeckungen, die wir am Ding machen können, überraschen das Ding, auf eine Weise, welche aus uns kommt. Also sind es Entdeckungen sowohl am Ding wie an uns selber.

All dies mag für einen an die phänomenologische Methode angepaßten Betrachter der Dinge banal sein und läuft doch immer wieder Gefahr, außer acht gelassen zu werden. Zum Beispiel: Wenn ich daran gehe, die dort auf dem Schachbrett aufgestellten Steine zu betrachten, so muß ich, um das Wesentliche daran zu erkennen, zwar einerseits versuchen, alles Gewohnte daran zu vergessen, aber andererseits doch irgendwie wissen, was ich suche. Wenn ich nie Schach gespielt habe und das Spiel nicht kenne, muß ich natürlich nicht erst versuchen, zu vergessen. Aber dann werde ich das Wesen des Schachs als Spiel nie erblicken. Und wenn ich nie in Andalusien war und nie von den dortigen Türmen wußte, dann muß ich nicht versuchen, zu vergessen, daß die Schachtürme an solche Türme erinnern. Aber dann werde ich nie das historische Wesen des Schachs erblicken. Und wenn ich nie einen Baum gesehen und nie etwas von Botanik gehört habe, dann muß ich nicht erst versuchen, die Holzmaserung der Schachsteine zu vergessen. Aber dann wird mir der Holzcharakter der Steine nie erscheinen. Mit anderen Worten: Wenn ich nichts zu vergessen habe, weil ich tatsächlich völlig naiv bin, dann werde ich nie etwas sehen. Andererseits aber, wenn ich nicht versuche, als Schachspieler meine Schachkenntnis zu vergessen, werde ich nie das Andalusische und das Hölzerne daran entdecken, unter der Bedingung, daß mir Andalusisches und Hölzernes bekannt sind. Aber noch mehr: Wenn ich als Schachspieler nicht versuche, meine Schachkenntnis zu vergessen, dann wird mir das Wesen des Bauern und des Turms nie zum Bewußtsein kommen, weil ich es dann nämlich hinnehme, ohne ihm Beachtung zu schenken. Also handelt es sich darum: Ich kann nur das entdecken, was ich vergessen habe, und ich kann es nur entdecken, wenn ich mich absichtlich bemühe, es zu vergessen. Und ich muß im vorhinein irgendwie wissen, welches Vergessene ich entdekken will, um »richtig« vergessen zu können, das heißt eben: in Richtung der Entdeckung. Zum Beispiel: Ich muß irgendwie wissen, daß ich das Wesen des Schach als Spiel entdecken will, um so alles darum herum zu vergessen, so daß nur das Spielwesen in Erscheinung tritt, nicht aber das historische Wesen.

Was eben ausgeführt wurde, mag zwar banal sein, ist aber kaum aus einer Diskussion der Betrachtung der Dinge in meiner Umgebung auszuscheiden. Denn es besagt im Grunde dieses: Ich kann die Dinge in meiner Umgebung nie in echter Einsamkeit ansehen, also in der Situation: ich und die Dinge. Es muß immer, damit ich überhaupt etwas sehe, ein anderer dabei sein. Zum Beispiel der andere, der mich Schachspielen lehrte oder Geschichte oder Botanik. Gäbe es diesen anderen nicht, dann gäbe es für mich überhaupt keine Dinge, denn ich würde sie nicht sehen. Ich würde dann das Schach nicht nur nicht als Schachspiel sehen oder als historisches Phänomen oder als Holzprodukt, sondern ich könnte es überhaupt nicht erblicken. So daß es nicht genügt, zu sagen, daß ich immer von Dingen umgeben bin, sondern daß man banalerweise hinzufügen muß, daß immer andere dabei sind.

Daß ich an den Dingen nur das entdecke, was ich vergessen habe, und daß ich dieses Vergessene anderen verdanke, das kann auf mindestens zwei Arten gedeutet werden. Einerseits kann es bedeuten, daß ich in den Dingen immer auch den anderen entdecke, und andererseits, daß ich nie etwas Neues entdecke. Diese beiden Deutungsmöglichkeiten verlangen, gesondert betrachtet zu werden, und zwar die zweite an erster Stelle.

Wenn ich mir des Charakters des Bauern und Turms ungefähr so bewußt werde, wie beschrieben wurde, dann erlebe ich diesen Charakter mit Überraschung. Das heißt, als etwas mir Neues. Die Überraschung besagt etwa: Das also ist der Bauer und das der Turm, die ich so gut zu kennen meinte? Es ist also etwas Neues an etwas Altem. Und wenn ich diese Überraschung an andere weitergebe, dann wird sie nur von jenen miterlebt, die Schach spielen gelernt haben. Nur für diese wird der in der Schau enthüllte Charakter des Bauern und Turms neu sein. Für solche, die keine Kenntnis vom Schach haben, wird dieser Charakter weder neu noch alt, sondern das sein, was man in der Informationstheorie ein

Geräusch nennt. Daraus kann ich schließen, daß etwas, um als neu erlebt zu werden, schon bekannt gewesen sein muß, und daß alles Unbekannte nicht als neu erlebt werden kann, weil es überhaupt nicht erlebt wird. In diesem Sinn also stimmt, daß ich nie etwas Neues entdecke: Alles, was ich als neu erlebe, ist Wiederentdeckung von Altem. Andererseits aber stimmt ebenso, daß ich das Alte als Neues erlebe, wenn ich es wiederentdecke. Und daß der andere für mich nur dann Neues entdeckt, wenn ich dieses Neue schon irgendwie kenne.

Damit soll natürlich nicht geleugnet werden, daß kumulative Entdeckungen tatsächlich die Geschichte des Westens kennzeichnen und daß tatsächlich immer wieder, in einem anderen Sinn, Neues entdeckt wird. Sondern es soll damit ungefähr gesagt werden: Kolumbus konnte Amerika nur entdecken, weil man von Amerika schon wußte. Hätte man davon nicht gewußt, und es wieder vergessen, Kolumbus hätte es nicht nur nicht gesucht, sondern nicht wahrgenommen, er wäre darüber gestolpert. Wie man ja auch tatsächlich immer wieder über Unbekanntes stolpert, ohne daß es ins Bewußtsein dringt, zum Beispiel die Kulturspiele der von Kolumbus entdeckten Indianer. Diese Spiele konnten erst entdeckt werden, nachdem sie irgendwie bekannt gemacht wurden, also lange nach ihrem Erlöschen. Wie es zu diesem Bekanntwerden kommt, wie also Entdecken von Neuem in diesem Sinn möglich ist, kann hier nicht erläutert werden. Klar ist nur dieses: In der Schau, also im empirischen Erlebnis, kann man nur Bekanntes wieder entdecken und als neu erleben. Sollte man etwa neue Kenntnis mit »Erfindung« bezeichnen, dann könnte man sagen, daß die Schau nur Erfundenes entdecken kann, wenn nämlich das Erfundene vergessen und dann gesucht wird.

Für die andere Deutungsmöglichkeit der Fehlbarkeit der phänomenologischen Methode, nämlich die, daß ich im Ding immer auch den anderen entdecke, also daß das Ding eigentlich nie selbst zu Wort kommt, sondern immer in der Stimme des anderen, bietet das Schach ein besonders günstiges Beispiel. Beim Schach handelt es sich nämlich um ein Ding, bei dem ich nicht vergessen kann, daß es einem Zweck dient.

Zwinge ich mich dazu, das zu vergessen, und betrachte es so, als wäre es zwecklos, dann hört es sofort auf, Schach zu sein, und löst sich in eine unzusammenhängende Gruppe auf, die aus zweiunddreißig Holzstücken und einem Holzbrett zufällig aufgehäuft wurde, die aber in keiner Weise zusammenhängt. Es ist erst der Zweck, der diesem Haufen seine Gestalt gibt. Nun, Dinge, deren Gestalt zweckbedingt ist, heißen Produkte. Und sobald ich mir dieser zweckbedingten Gestalt bewußt bin, bin ich mir des Erzeugers der Produkte bewußt geworden. Das heißt, jenes anderen, der das Produkt mit einer Geste schuf, die sich letzten Endes an mich wendet. Denn letzten Endes hat das Produkt, zum Beispiel dieses Schachspiel dort, den Zweck, mir zu dienen. Was also aus dem Schach als Produkt, das es ist, als sein Wesen zu mir spricht, ist die Stimme des anderen.

Diese Stimme nun spricht zu mir als Imperativ, etwa: Spiel mich! Der Zweck, dem das Schach dort dient, ist ein stummer Befehl, der an mich gerichtet ist, und so, als stummer Befehl, steht das Schach dort in meiner Umgebung. Dieser Befehl ist, wiewohl stumm, doch so mächtig, daß ich das Schach dort gar nicht anders als Befehl zu Kenntnis nehmen kann, und eben nichts anderes tue, als es spiele. »Mir dienen« heißt also mich bedingen. Was mein Vergessenwollen beim Anschauen des Schachs also im Grunde bezweckt, ist, das Schach von seinem Zweck zu befreien und selbst zu Wort kommen zu lassen. Und was dann wirklich zu Worte kommt, ist die Stimme dessen, der den Befehl an mich durch das Schach erteilte. So daß ich im Fall des Schach, und der Kulturdinge überhaupt, sagen kann, daß ich mich vom Befehl des anderen an mich, von meiner Kulturbedingtheit, in dem Maß befreie, in dem ich den anderen als das Wesen dieser Dinge entdecke, und so seinen Imperativ in einen Indikativ verwandle. Sollte Kulturwissenschaft tatsächlich eine Befreiung von der Kulturbedingtheit sein, weil sie Imperative in Indikative verwandelt, dann ist die Wesensschau der Kulturdinge eine Phase der Kulturwissenschaften.

Anders muß es offensichtlich um diejenigen Dinge stehen, die einfach zwecklos, nutzlos und wertlos um mich herumstehen, also die sogenannten natürlichen Dinge. Wie ich solche

Dinge für von mir bestimmte Zwecke verwenden kann, sie also werten kann, und aus Natur in die Kultur wenden kann, wie ja das Wort »verwenden« andeutet, steht auf einer anderen Seite und hat sicher mit einem ganz bestimmten Blick auf diese Dinge zu schaffen. Aber ein solches Schauen auf die Dinge der Natur, um sie zu verwenden, ist kein »reines« Schauen wie das, von dem hier die Rede sein soll. Wenn ich solche Dinge »uninteressiert« ansehe, dann spricht aus ihnen nicht die Stimme des anderen in demselben Sinn, in dem sie aus den Produkten zu mir spricht, sondern, im Gegenteil, das bloße sinn- und zwecklose Sosein gähnt stumm hinter solchen Dingen. Das eben heißt Natur: der Schlund des zwecklosen, sinnlosen Soseins.

Und doch spricht auch aus ihnen die Stimme des anderen, aber in einem anderen Sinn dieses Sprechens. Sie spricht nämlich zu mir als die Stimme dessen, der dasselbe Ding vor mir angesehen hat. Dieses Ding da ist vor meinem Blickfeld durch das Blickfeld eines anderen gegangen. Und zwar weiß ich das unmittelbar im Ansehen des Dinges. Es blieb der Blick des anderen irgendwie an diesem Ding da haften. Wäre er nämlich nicht geblieben, dann wäre dieses Ding da unsichtbar für mich, und was ich daran sehe, ist im Grunde nichts als der Blick des anderen. Der Blick des anderen hat dieses Ding da für mich sichtbar gemacht, er hat es für mich erfunden, und ich weiß davon, andernfalls könnte ich dieses Ding da nicht entdecken. Der andere spricht also aus den entdeckten Dingen der Natur zu mir in der Stimme des Erfinders und in den Dingen der Kultur zusätzlich noch in der Stimme des Erzeugers.

Diese beiden Deutungen lassen sich so zusammenfassen: Was ich, wenn ich Dinge betrachte, entdecke, ist der andere als ihr Erfinder und gegebenenfalls ihr Erzeuger, und daß ich dies entdecke, ist für mich und die anderen das Erlebnis des Neuen. Beim Schach zum Beispiel entdecke ich an ihm jenen anderen, der es erfand als Ding der Natur und es als Spiel erzeugte, und alle jene anderen in langer Kette, die diese Erfindung und Erzeugung bis zu mir brachten. Und im Grunde entdecke ich nichts als dies am Schach, und daß ich dies entdecke, läßt mich das Schach als ein Neues erleben.

Es ist mir also nicht gelungen, dem Schach gegenüber eine unvoreingenommene Stellung einzunehmen. Sondern nur eine Zahl von Stellungen, die vor mir andere ihm gegenüber eingenommen haben, von denen ich weiß, die ich aber vergessen hatte. Da ich mich bemühte, alles, was ich vom Schach weiß, zu vergessen, habe ich mich an diese anderen Vergessenen erinnert. Das Scheitern des Versuchs, das Schach selbst zu Wort kommen zu lassen, hat diesen anderen das Wort gegeben. Und so spricht jetzt das Schach, und alle meine Umgebung, plötzlich in den tausenden Stimmen all jener, die vor mir hier waren, um zu schauen und zu handeln. Die Dinge so anzusehen, als sähe man sie zum erstenmal, ist eine so gewaltige und fruchtbare Methode, daß sie selbst bei ihrem Scheitern einiges ins Licht rückt.

Stöcke

Man geht einen ansteigenden Waldweg hinauf und sieht um sich, um einen Ast zu finden, den man als Stock verwenden könnte. Der Augenblick, in dem man den Entschluß gefaßt hat, sich solcherart umzusehen, hat nicht allein zur Folge, daß sich das bisherige Ausblicken auf den Wald vollkommen verändert, sondern daß sich das Aussehen des Waldes ebenso vollkommen verändert. Ein Beispiel dafür, daß der Anblick des Dings davon abhängt, wie wir es ansehen. Die hier vorliegende Absicht ist, jener Veränderung nachzuspüren, welche den Wald so aussehen läßt, daß darin Äste vorkommen können, die als Stöcke verwendet werden können.

Es seien zuerst vier mögliche Arten, den Waldweg zu gehen, geschildert, und dann das Umschlagen dieser vier Möglichkeiten in eine Suche nach Stöcken. Die vier möglichen Arten seien: in Gedanken versunken, den Wald betrachtend, den Wald genießend, den Heimweg suchend. Vor dem Versuch, dies zu schildern, ist einiges zu sagen. Erstens: Wiewohl diese vier Arten zu gehen sich voneinander stark unterscheiden, schließen sie einander nicht aus, sondern können sich miteinander und mit anderen nicht erwähnten Arten verbinden. Zweitens: Alle vier Arten, so verschieden sie sein mögen, setzen eine bestimmte Art »Wald« voraus, nämlich eine begehbare, und das heißt also, eine Art, die sich nicht verschließt und etwa erschlossen werden müßte. Drittens: Alle vier Arten, so verschieden sie sein mögen, setzen eine bestimmte Art »Gehen« voraus, nämlich eine unbedrohte, auch, wie sich zeigen wird, das Suchen des Heimwegs. Viertens: Alle vier Arten, so verschieden sie sein mögen, setzen voraus, daß der Wald und der ihn Durchschreitende nicht miteinander verwoben sind, sondern daß der Schreitende dem Wald und der Wald dem Schreitenden irgendwie fremd sind, auch, und besonders, die Art des waldgenießenden Schreitens.

Diese vier vorausgeschickten Bemerkungen besagen im Grunde nichts, als daß die vier zu besprechenden Arten zu gehen typisch menschlich sind und wahrscheinlich selbst für die »höchsten Tiere« nicht bestehen können, vielleicht mit der einzigen, freilich auch zweifelhaften, Ausnahme des Hundes, der ja in uralter Symbiose mit dem Menschen so viel Menschliches in sich aufnahm und es dabei ins Untermenschliche verkehrte. Tiere haben diese vier Arten zu gehen nicht, und der hypothetische Urmensch hatte sie nicht, weil sie nicht eigentlich »im Wald gehen«, sondern ein Teil des Waldes sind und in diesem Sinn ein »Gehen des Waldes« sind. Dies war vorauszuschicken, um einen möglichen Irrtum zu vermeiden, nämlich diesen: das typisch Menschliche sei, Äste als Stöcke zu verwenden, also die Technik. Aber das typisch Menschliche beginnt schon lange vor der Technik, und es mag sein, daß die Technik schon eine Art Abfall vom typisch Menschlichen vorstellt. Da der Irrtum weit verbreitet ist, schien es geboten, ihm schon eingangs die Stirn zu bieten.

In Gedanken versunken einen Waldweg zu beschreiten, heißt, ihn zu gehen, ohne auf ihn zu achten. Es heißt aber auch, ihn zu gehen, ohne auf das Gehen selbst zu achten. Und das wieder heißt, ihn zu gehen, ohne auf die Schritte zu achten, auf die Füße, kurz, auf den gehenden Körper. Es ist also ein Zustand, bei dem die Gedanken den ganzen Blick auf sich konzentrieren, und Waldweg, Wald, Gehen und gehender Körper aus dem Blickfeld fallen. Ein so nach innen gewandter Blick ist in einem seltsamen Sinn unnatürlich, das heißt also: menschlich. Nämlich in dem doppelten Sinn, daß er der »Natur« des Auges widerspricht und daß er die »Natur« als Waldweg, als Gehen und als eigenen Körper nicht wahrnimmt. Die Wendung des Blicks aus dem Natürlichen ins Unnatürliche erfordert nicht nur, daß man das Natürliche verachtet, sondern auch, daß das Natürliche zuläßt, verachtet zu werden. Das Natürliche, in diesem Fall der Körper in seiner Umgebung, läßt aber nur zu, verachtet zu werden, wenn entweder alles daran in »Ordnung« ist oder wenn eine Disziplin ausgearbeitet wurde, alles »Unordentliche« daran willentlich zu unterdrücken. Man kann also auf zwei Methoden in Gedanken versinken: auf die bewußte und willentliche, welche das Natürliche verachtet, weil sie alles Unordentliche daran unterdrückt, und das ist vor allem die orientalische Methode. Und auf die weniger bewußte, welche das Natürliche verachtet, weil sie alles daran in Ordnung gebracht hat, und das ist im Grunde die westliche Methode und das Ziel der okzidentalen Geschichte. Die Gefahr der orientalischen Methode ist, daß das unterdrückte Unordentliche brutal wieder erscheinen kann, um den Unterdrücker aus seinen Gedanken zu reißen. Die Gefahr der okzidentalen Methode ist, daß das Inordnungbringen so viel Energie und Zeit erheischt und das Interesse so in Anspruch nimmt, daß es gar nicht dazu kommt, in Gedanken zu versinken. Wer in Gedanken versunken einen Waldweg geht, hat das Ziel des Westens erreicht, nämlich sich in die Lage versetzt, worin sein Körper mit seiner Umgebung so in Ordnung ist, daß beide verachtet werden können. Darum geht er den Waldweg. Es bleibt allerdings die Frage offen, wovon eigentlich die Gedanken handeln, in die er versinkt, denn das zu Denkende ist ja letzten Endes immer das Unordentliche, also die Dissonanz zwischen mir und meiner Umgebung. Also das folgende Paradox: Um in Gedanken versinken zu können, muß ich Ordnung um mich herum gestiftet haben, und habe ich Ordnung gestiftet, scheint es zwecklos zu sein, in Gedanken zu versinken. Es ist ein Aspekt jenes Paradoxons, das wie ein

Fluch über dem Okzident schwebt, um ihn als Ganzes in Frage zu stellen.

Den Wald betrachtend einen Waldweg zu gehen, heißt, ihm einen ganz bestimmten Typ von Achtung zu schenken. Einen Typ Achtung nämlich, bei dem der Wald als etwas anerkannt wird, das verdient, als solches und unabhängig von mir angesehen zu werden. Man kann diesen Typ Achtung »Beobachtung« nennen. Er setzt voraus, daß ich dabei eine dem Wald gegenüberliegende Stellung einnehme, nämlich die des beobachtenden Subjekts. In solcher Stellung verwandle ich den Wald in meinen Gegenstand, also in etwas, das mir gehört, oder mindestens mir gehören kann, und nicht in etwas, dem ich gehöre. Ein solch objektivierender Blick auf den Wald ist unnatürlich, das heißt also: menschlich, in dem Sinn, daß sich der Mensch dabei aus der Natur heraushebt, um sich ihr entgegenzustellen. Man sagt oft, daß diese Einstellung der Natur gegenüber den neuzeitlichen Menschen kennzeichnet, und tatsächlich macht ja das konsequente Beharren auf dieser Einstellung die Naturwissenschaften erst möglich. Und doch kann diese Einstellung nicht den modernen Menschen allein charakterisieren, sondern muß allgemein menschlich sein, denn es ist ja eben sie, die mit dem Ausdruck »Verfremdung« gemeint ist. Der beobachtende Blick ist der verfremdete Blick, denn jede Beobachtung fußt auf dem Befremden, das man dem Beobachteten gegenüber empfindet. Man beobachtet immer nur das, was man als etwas anderes empfindet, und bei Selbstbeobachtung empfindet man sich selbst als jemand anderen. Es mag sein, daß der Beobachtende glaubt, sich selbst völlig ausgelöscht zu haben und nur ein Ort zu sein, der vom Beobachteten beeindruckt wird, und das glaubten auch tatsächlich zum Beispiel die englischen Empiristen. Aber dieser Glaube beruht auf einem Irrtum. Subjekt sein kann nicht bedeuten, sich ausgelöscht zu haben, denn Subjekt werden bedeutet, sich über das Objekt hinauszuheben. Und diese Überhebung ist eine Geste, mit der versucht wird, sich das Objekt anzueignen. Ganz im Gegenteil also: Nicht ausgelöscht ist das Subjekt dem Objekt gegenüber, sondern es ist ein Sog, der versucht, das Objekt zu verschlingen und es sich einzuverleiben. So nämlich versucht das Subjekt, seine Verfremdung zu überwinden: alle Objekte in sich aufzunehmen. Zwar mag bei der Beobachtung selbst dieses Ziel völlig außerhalb des Horizonts der Situation liegen, und es kann also bei der Beobachtung geglaubt werden, daß sie ziellos, also »rein«, sei. Aber in Wirklichkeit verfolgt jede Beobachtung das durch ihre Struktur gegebene Ziel, das Beobachtete in die Gewalt des Beobachters zu bringen. Wer also den Wald betrachtend einen Waldweg abschreitet, dem ist der Wald fremd, und er versucht, ihn in seine Gewalt zu bekommen, um ihn sich anzueignen. Die Frage ist natürlich, welchen Sinn es hat, den Wald zu besitzen. Offensichtlich den, ihn verachten zu können und in Gedanken versunken einen Waldweg gehen zu können.

Den Wald genießend einen Waldweg zu gehen, heißt, ihm einen Typ von Achtung schenken, der in gewissem Sinn das symmetrische Gegenstück zu jenem Typ ist, der eben besprochen wurde. Versucht man bei der Betrachtung, sich dem Wald zu öffnen, um sich ihn einzuverleiben, dann versucht man beim Genuß, sich ihm zu öffnen, um von ihm einverleibt zu werden. Schon bei dieser Bemerkung wird klar, daß es sich bei beiden Arten, den Waldweg zu gehen, um die ganz gleiche Struktur handelt, in der man sich dabei befindet, nämlich um die verfremdete Lage, in der man Subjekt eines Objekts ist. Nur versucht man beim Genießen eine andere Methode, die Verfremdung zu überwinden. Man versucht nicht, den Wald zu sich zu heben und so die dialektische Spannung zwischen sich und dem Wald aufzuheben, sondern man versucht, in den Wald wieder einzutauchen und so die dialektische Spannung zwischen sich und dem Wald ungeschehen zu machen. Vom Standpunkt der ersten Methode erscheint die zweite reaktionär, und vom Standpunkt der zweiten erscheint die erste als radikale Verfremdung. Aber von einem reflektierenden Standpunkt, der beide Methoden in den Griff nimmt, erscheinen sie als komplementäre Methoden, und beide sind gleich problematisch. Zwar scheint die genießende Methode das Subjekt noch mehr auszulöschen als die betrachtende, und dem Subjekt mag es scheinen, als ob es sich dem Wald in Selbstaufopferung hingeben würde. Und dies wird ja oft von Romantikern und

Mystikern behauptet. Aber diese Selbsthingabe ist ebenso Täuschung wie die Selbstauslöschung der empirischen Betrachtung. Denn obwohl man beim Genießen des Waldes in eine Stimmung versetzt wird, in der man sich eins fühlt mit dem Wald und seinen zahllosen lebendigen und nicht lebendigen Aspekten, so daß man fühlt, einen gemeinsamen Grund mit diesen Aspekten gefunden zu haben und selbst ein Aspekt des Waldes zu werden, obwohl man in diese Stimmung kommt, so bleibt es eben eine Stimmung, die von einem selbst ausstrahlt. Man taucht in den Wald ein, nicht indem man sich im Wald auflöst, sondern indem man den Wald in die eigene Stimmung auflöst. So in den Wald zu gehen ist unnatürlich, also typisch menschlich. In Wirklichkeit nämlich ist der Unterschied zwischen Betrachten und Genießen der Unterschied zwischen Gnoseologie und Ästhetik. In der ersten Methode wird versucht, Subjekt und Objekt in der Erkenntnis, in der zweiten Methode aber im Erlebnis aneinander zu binden, also beide Male unter dem Zeichen des Subjekts. Man könnte zwar von der zweiten Methode behaupten, daß sie nicht wie die erste das Ziel hat, den Wald zu besitzen, sondern im Gegenteil, davon besessen zu werden, und daß sie also die Paradoxie der ersten Methode vermeidet. Und tatsächlich ist ja die zweite Methode für den Westen weniger charakteristisch als die erste. Aber so eine Behauptung würde nur einen Aspekt des Paradoxons vermeiden, nicht das Paradoxon als solches. Denn es bleibt paradox, daß, würde die Methode des Genießens gelingen, die menschliche Verfremdung nicht überwunden, sondern nur zugedeckt wäre. Damit aber will natürlich nicht geleugnet werden, daß beide Methoden, als Methoden, zwar problematisch sind, aber als Selbstziele Befriedigung schenken. Nämlich dann, wenn sie das Paradoxe des Menschseins nicht überwinden wollen, sondern bejahen.

Den Waldweg auf der Suche nach einem Heimweg gehen, heißt, dem Wald eine besondere Beachtung zu schenken, die sich von den beiden besprochenen radikal unterscheidet. Denn der Blick, den man dann auf den Wald richtet, ist ein bewußter Überblick, nicht ein Hinblick und Anblick. Man blickt dabei über den Wald hinaus und auf das Heim zu und nimmt also den Wald als Gegenstand im Sinn von Widerstand, von zu nehmender Hürde. Nicht das Verhältnis zwischen mir und dem Wald heißt es dann zu überwinden, sondern es heißt, den Wald zu überwinden, um zu sich zu kommen. In diesem Sinn ist also ein solches Gehen unnatürlich, also typisch menschlich, weil es die Natur als Hindernis nimmt und versucht, sie zu überwinden. Es scheint also, daß ein solches Gehen den Menschen noch mehr kennzeichnet als die drei vorher besprochenen Arten, denn es bezeugt, wie der Mensch über die Natur hinaus will und hinaus kann. Seltsamerweise entpuppt sich aber diese Art von Gehen gerade als weniger menschenwürdig als die drei besprochenen Arten. Und tatsächlich kann man sich auch kein Tier vorstellen, das in Gedanken versunken oder betrachtend oder genießend einen Waldweg schreitet, wohl aber ein Tier, das oft verzweifelt versucht, seinen Weg im Wald zu finden. Nun, die Parallele zwischen Mensch und Tier kann in diesem Fall als Folge eines irrtümlichen Anthropomorphismus aufgefaßt werden. Das Tier sucht seinen Weg in einem anderen Sinn, als es der Mensch tut. Es sucht den ihm entsprechenden Ort in der Natur, Aristoteles würde sagen: den ihm gerechten, und blickt beim Suchen nicht über die Natur hinaus, sondern in die Natur im eigenen Innern, auf seine »Instinkte«. Der Mensch aber sucht den Ort seiner Wahl, und in diesem Suchen blickt er eben über die Natur hinaus in Richtung auf seine Freiheit, nämlich des von ihm Gewählten. Wenn also auch die Parallele mit dem suchenden Tier auf einem Irrtum beruhen mag, so ist doch wie gesagt der suchende Mensch irgendwie weniger menschlich als der »rein« dahingehende, der in den drei vorhergehenden Fällen besprochen wurde. Obwohl gerade das Gegenteil der Fall zu sein scheint. Dies ist so zu erklären:

Man kann die drei vorhin besprochenen Weisen des Gehens die »theoretischen« nennen, wenn man unter »Theorie« etwa »Ansehen ohne sofort ersichtlichen Zweck« verstehen will. Und es ist eben dieses den Zweck verachtende Ansehen, oder das ihn leugnen wollende Ansehen, das das Allermenschlichste ausmacht. Man kann dieses »den Zweck verachten« als Symptom der menschlichen Verfremdung, als eine Art Wahnsinn, ansehen, oder aber als grundlegenden Unernst, also als Humor und Ironie, als das Spielerische und das Verspielte am Menschen. Jedenfalls muß man es als das ansehen, was den Menschen von allen uns bekannten Wesen unterscheidet. So verstanden, ist die Theorie das dem Menschen entsprechende Klima. Aber die jetzt besprochene Gehweise ist nicht im selben Sinn theoretisch, eben weil sie ein zweckhaftes, ernstes Gehen ist, ein Gehen ganz im Ernst. Und man fühlt diesen Unterschied deutlich beim Gehen. Wenn man den Heimweg sucht, ist ein Zwangselement dabei, man fühlt sich bedingt, bedrängt, beengt, als freies Wesen entwürdigt. Das bedeutet natürlich nicht, daß man eine solche Lage nicht freiwillig hervorrufen kann, etwa um ein Abenteuer zu erzwingen. In diesem Fall kommt dann ein Aspekt der Dialektik der Freiheit zum Vorschein. Aber in jedem Fall ist der den Heimweg suchende Mensch in seinem Menschsein gefährdet. Aber eben doch nicht so gefährdet, wie es das beständig bedrohte Tier ist, denn es handelt sich doch auch hier beim Suchen um eine typisch menschliche Gehweise. Wird nämlich der Mensch tatsächlich bedroht, hat er sich verirrt, im Sinn von: die Orientierung verloren, dann erst beginnt er, seinen Weg wie ein Tier zu suchen. Und dann stellt sich heraus, daß er nicht etwa auf das Niveau des Tieres fällt, sondern tief darunter. Denn des unvermittelten Einblicks in die Natur, etwa in die »Instinkte«, ist er irgendwo auf seinem »Geschichte« genannten Weg verlustig gegangen und ist, wenn er sich tatsächlich mitten in der Natur befindet, buchstäblich verloren.

Es handelt sich auch beim Heimwegsuchen um eine typisch menschliche Gehweise, weil es auf einer Theorie fußt, etwa auf Landkarten, dem Stand der Sonne oder auf Ortsnamen in der Landschaft, wiewohl es selbst nicht theoretisch ist wie die anderen Arten. Wenn der Mensch beim Suchen über den Wald hinaussieht, sieht er in das Reich der Theorien hinein und versucht, diese Theorien an den Wald anzugleichen. In solch einer Situation stellt sich heraus, daß die Theorien eben doch nicht absichtslos waren, obwohl beim Aufstellen als absichtslos empfunden. Denn solche Situationen sind der Ort, an dem Theorien angewendet werden. So daß man, wollte man pragmatisch erklären, und damit allerdings das Menschliche schmälern, etwa sagen könnte, Theorien seien der Ersatz für die abhanden gekommenen Instinkte. Also: Die Suche nach dem Heimweg ist eine typisch menschliche Gehweise, weil sie auf Theorien fußt und sich auf Theorien verläßt, aber sie ist nicht so radikal menschlich wie die »rein theoretischen« Gehweisen, die vorhin besprochen wurden. Das Verwirrende daran ist, daß diese nicht radikal menschliche Situation meist als Berechtigung der radikal menschlichen angeführt wird, als Entschuldigung sozusagen des Menschseins. Diese Verwirrung wird sich vielleicht teilweise klären, wenn jetzt jener Wendung gedacht werden soll, in der sich die vier Gehweisen in eine Suche nach Stöcken verwandeln.

Aus einer Überlegung der vier besprochenen Gehweisen wird sofort klar, daß diese Wendung am schärfsten ist, wenn sie aus der Versunkenheit in Gedanken herausreißt, und am mildesten, wenn sie sich beim Heimwegsuchen ereignet. Es scheint darum geboten, bei ihrer Schilderung die Reihenfolge der vier Beispiele umzukehren.

Was sich beim Suchen nach Ästen ereignet, die sich für Stöcke eignen, ist bei jemandem, der seinen Heimweg sucht, etwa wie folgt zu beschreiben: Der Heimwegsuchende blickt um sich, um in seiner Umgebung jene Struktur wiederzuentdecken, die ihm theoretisch, zum Beispiel von Landkarten her, bekannt ist. Gelingt ihm diese Wiederentdeckung, und sie muß gelingen, wenn die Theorie »richtig« war, dann hat er den Heimweg gefunden. Denn dann hat er nicht nur seine Umgebung erblickt, sondern auch jene außerhalb seiner Umgebung liegenden und von ihm unerfahrenen Regionen, welche von derselben Struktur erfaßt sind, und das gesuchte Heim liegt in jenen Regionen. Er hat also eine Brücke zwischen Erfahrung und Theorie geschlagen und damit den Weg gefunden. Und daß er dann wirklich nach Hause kommt, ist eine Bewährung der Theorie, die zwar für ihn interessant ist, aber völlig gleichgültig für die Theorie als solche. Denn die fußt ihrerseits auf höheren Theorien und nicht auf solcher Bewährung. Bei solch einem Versuch, in der erfahrenen Umgebung eine vorgefaßte Theorie wiederzuentdecken, können im Suchenden folgende zwei voneinander im Grunde unabhängige Veränderungen geschehen. Erstens wird sich der Suchende bewußt, daß er von seiner Umgebung nicht nur in dem Sinn bedingt ist, daß sie ihm den Weg nach Hause versperrt, sondern auch in dem Sinn, daß sie seine Kräfte beansprucht, zum Beispiel durch die Steigung des Weges. Also nicht nur als zu nehmende Hürde, sondern auch als Hindernis, durch das man hindurch muß, um ans Ziel zu gelangen. Man kann, um den Fall zu verallgemeinern, statt »Wald« auch »Welt« und statt »Heim« auch »Tod« lesen. Zweitens erblickt der Suchende, wenn er seine Erfahrung mit der Theorie vergleicht, im Gebiet der Theorie nicht nur Modelle von der Art »Landkarte«, also Erkenntnismodelle, sondern auch Modelle von der Art »Spazierstock«, also Verhaltensmodelle. Erkenntnismodelle sind Theorien, die für die Orientierung in der Erfahrung verwendet werden können, und Verhaltensmodelle sind Theorien, die für die Behandlung der Erfahrung verwendet werden können. Nach diesen beiden voneinander unabhängigen Veränderungen verwandelt sich mit einemmal der Blick des Suchenden auf den Wald, wenn er nämlich versucht, diese beiden Veränderungen zusammenzufassen. Er versucht jetzt nicht nur, im Wald eine Erkenntnistheorie wiederzufinden, sondern auch ein Verhaltungsmodell, das des Stocks, um den Wald besser durchdringen zu können. Und tatsächlich bietet sich ihm der Wald jetzt ganz anders als vorher. Nämlich als ein durch Erfahrung als Hindernis gegebenes Ding, das dank Verhaltensmodellen gegen sich selbst gewendet, also »verwendet« werden kann. Tatsächlich ist ja ein Stock ein Stück Wald, ein Ast, der gegen den Wald vorgeht.

Das Bild des Waldes hat sich damit grundsätzlich verändert. Er erscheint nicht mehr als bloßer Gegenstand, den es zu überspringen gilt, sondern als Herausforderung, die es nach Modellen umzuformen gilt. Die leere Dialektik »Subjekt-Objekt« hat sich damit in die schöpferische Dialektik »Sollen-Sein« verwandelt. Denn von nun an steht der Wald voller Äste, die Stöcke sein können und es auch sein sollen. Die Dynamik dieser Dialektik bringt es mit sich, daß eine solche Ansicht auf den Wald als Herausforderung nicht auf sich beruhen kann. Sondern sie wird von einem Eingriff in den Wald gefolgt, durch den ein Ast aus dem Wald herausgerissen wird, nach dem Modell mit dem Taschenmesser in einen Stock verwandelt wird und sich jetzt, in der Hand des Gehenden, gegen den Wald wendet. Damit ist ein Stück Wald aus dem Bereich des Waldes in den Bereich des Gehenden übergegangen. Die Theorie ist in die Praxis übergeschlagen. Und der Stock ist das Resultat dieses Überschlagens, ein Resultat, das man gewöhnlich ein »Werk« nennt.

Dasselbe Überschlagen hat bei jemandem, der den Wald genießt, eine andere Färbung. Hier ist zu sagen, daß seltsamerweise die marxistische Analyse der Dialektik der Arbeit sich gewöhnlich auf Fälle vom Typ »Heimwegsuchen« beschränkt und damit viele Aspekte dieser Dialektik nicht genügend betrachtet. So einer versucht ja nicht, wie es der Heimwegsuchende tut, durch den Wald hindurchzudringen, sondern im Gegenteil, in ihn einzudringen und selbst Wald zu werden. Auch ihm, der ja auch Mensch ist, bietet der Wald Widerstand, aber nicht einen passiven, sondern einen, der als aktiv erlebt wird. Nämlich so, daß sich der Wald dagegen wehrt, den Menschen einzulassen. Öffnet sich der Mensch dem Wald, dann öffnet sich zwar auch der Wald, wie im Zauber, dem Menschen. Aber es muß doch zugegeben werden, daß es immer wieder Stellen gibt, an denen sich der Wald verweigert. Offensichtlich liegt es im Wesen der sich hingebenden Methode, solche Stellen nicht vergewaltigen zu wollen, sondern durch Geduld auf ihr Öffnen zu hoffen. Denn die Methode geht von der Voraussetzung aus, daß jede Vergewaltigung den Wald nicht öffnet, sondern vernichtet, und damit auch die Hoffnung des Menschen. Und plötzlich kann es doch geschehen, daß sich der genießende Mensch dabei überrascht, einen Ast gebrochen und als Stock verwendet zu haben. Hier ist der Ausdruck »überrascht« sehr genau zu nehmen. Was nämlich geschieht, ist ungefähr dieses:

Der Mensch sieht sich plötzlich selbst mitten auf dem Waldweg stehen, mit einem Stock bewaffnet. Er kann natürlich diesen Anblick, der sich ihm da bietet, bagatellisieren und etwa sagen, es habe sich dabei um eine automatische Handlung gehandelt, welche nichts zu tun hat mit seinem Bemühen, sich im Wald aufzulösen. Aber wenn er ehrlich ist, führt ihn der Anblick in ganz andere Gedankengänge. Er wird sich nämlich bewußt, daß er nicht nur die Fähigkeit hat, sich selbst zu sehen, also eine reflexive Fähigkeit, die er opfern müßte, wollte er tatsächlich den Wald genießen. Sondern er wird sich auch bewußt, daß er sich, wenn er sich selbst sieht, immer als Mitglied einer Gesellschaft, einer Kultur, einer Antinatur sieht. Nämlich als einer, dem diese Gesellschaft Verhaltensmodelle zur Verfügung stellt, zum Beispiel das Modell des Stocks, nach dem sich sein Verhalten eben gerichtet hatte. So daß ihm mit einemmal klar wird, daß er im Irrtum war, wenn er glaubte, allein auf dem Waldweg zu stehen. Sondern es stehen die anderen immer um ihn herum, und er kann nicht im Wald untertauchen, ohne dabei diese anderen zu verraten. Ein Verhaltensmodell kann ein Wert genannt werden. Es wird ihm also mit einemmal klar, daß das empathische Untertauchen in den Wald einen Verrat an allen Werten bedeuten würde, sollte es gelingen. Zum Beispiel einen Verrat an Stöcken. Es wird ihm also klar, daß seine Methode, die Spannung zwischen Mensch und Natur auszulöschen, nicht nur Antikultur ist, sondern auch Auflösung der Verantwortung den anderen gegenüber.

Hier handelt es sich also beim Überschlagen nicht um ein Umschlagen von der Theorie in die Praxis, sondern um ein Bewußtwerden des eigenen Selbst dank der Praxis. Der Stock ist hier also nicht Resultat einer bewußten Dialektik von Theorie und Praxis, sondern er ist der Auslöser einer Dialektik des Gewissens. Und sei es nur, weil er dem genießenden Menschen klar macht, um welche innere Spannungen es sich beim Genießen handelt und daß das Genießen also nicht nur im Widerspruch steht zum Handeln, sondern auch zu sich selbst. Wenn also vom Heimwegsuchenden gesagt werden kann, daß er nach dem Umschlagen den Wald vor lauter Stöcken nicht mehr sieht, dann kann man vom Genießenden sagen, daß er nach dem Umschlagen den Wald dank der Stöcke überhaupt erst sieht.

Für den, der den Waldweg geht und dabei den Wald betrachtet, ist das Umschlagen ins Stöckesuchen ein noch weit wilderer Vorgang, denn er ist von der Praxis noch weit entfernter als der Sucher und der Genießer. Denn er ist im Grunde jener, der die Theorie als reine Schau bewußt und als Ziel der Überwindung der Dialektik von Subjekt und Objekt gewählt hat. Darum kann man sein Gehen etwa so beschreiben: Er betrachtet den Wald als ein Gefüge, dessen einzelne Teile nur aus dem Gefüge verstanden werden können, aber andererseits auch als ein Gefüge, das nur von seinen einzelnen Teilen aus erfaßt wird. Darum sind dem Wald gegenüber mindestens drei Standpunkte nötig, will man ihn verstehen: ein erster oberflächlicher Standpunkt, von dem aus der Wald als Ganzes erscheint und der eingenommen wird, wenn man den Waldweg beschreitet. Ein zweiter gründlicher Standpunkt, von dem aus der Wald in seine Bestandteile analysiert wird und der beim Abschreiten des Waldweges einen immer tieferen Einblick in den Wald ermöglicht. Und schließlich ein dritter zusammenfassender Standpunkt, der nach dem Verlassen des Waldes eingenommen wird und unter dem sich das Auseinandergelegte wieder als Gefüge synthetisiert, aber diesmal als ein verstandenes Gefüge. Beim Einnehmen dieses letzten Standpunkts dem Wald gegenüber blickt man aber nicht mehr auf den Wald dort draußen, sondern auf jenen Wald, den man in sich aufgehoben hat und der also jetzt nicht mehr fremd ist. Unter diesem dritten Standpunkt kann man behaupten, den Wald erkannt zu haben. Das waldbetrachtende Schreiten ist also ein Hereinholen des Objekts ins Subjekt und in diesem Sinn eine Verwirklichung des Waldes. Denn erst der erkannte Wald ist wirklich, weil begrifflich faßbar. Was hier gesagt wird, kann zwar als bloße Spekulation, als »dialektischer Idealismus«, angesehen werden, wird aber tatsächlich und ganz unspekulativ vom Betrachter des Waldes beim Gehen als selbstverständlich angenommen. Zum Beispiel: Er entdeckt einen Pilz im Moos, betrachtet dessen Gestalt, bringt ihn mit dem Moos, den Baumwurzeln, den Insekten, dem Boden usw. in Verbindung, beginnt, die Funktion des Mooses für den Pilz, die des Pilzes für das Moos, und die beider für die Baumwurzel zu erfassen, und ist dabei überzeugt, diesen ganzen verdeckten Aspekt des Waldes überhaupt erst verwirklicht zu haben. Denn wie kann man von einem unentdeckten, unbekannten, nie gesehenen Pilz behaupten, daß er »wirklich« sei? Das hieße doch behaupten, daß es Dinge gibt, von denen niemand weiß, und das wieder hieße, zu sagen, man wisse von Dingen, die von niemandem gewußt sind.

Aus dieser eleganten Selbstverständlichkeit des Betrachtens kann aber der Schreitende durch folgende Frage brutal herausgerissen werden: »Wie bin ich denn auf diesen Pilz und zu diesem Pilz gekommen?« Die Antwort ist zwar scheinbar harmlos, aber in Wirklichkeit umwälzend. Nämlich: mittels eines zu diesem Zweck abgebrochenen Astes, mit dem man wie mit einem Stock den Boden aufgekratzt hat. Die Antwort ist umwälzend, und zwar aus einer ganzen Reihe von Gründen, von denen nur einige hier gestreift werden sollen. Zum Beispiel, weil sie zeigt, daß das Beobachten das Beobachtete verändert hat, den jetzt aufgekratzten Boden, daß also Beobachten nicht eine Passivität, sondern eine Handlung ist, mit welcher das Subjekt in das Objekt eingreift. Zum anderen Beispiel, weil sie zeigt, daß die Beobachtung des Pilzes eine Handlung erfordert, deren Gestalt vom Pilz, und nicht vom Beobachter, geprägt ist, wiewohl es der Beobachter ist, der sie ausführt. Denn Singvögel können nicht durch Aufkratzen des Bodens beobachtet werden. Zum dritten Beispiel, weil sie zeigt, daß das Instrument der Beobachtung, nämlich der Ast, ein zweckhaft verwendeter Teil des Beobachteten, des Waldes, ist, und damit völlig leugnet, daß der Wald unwirklich ist, bevor er erkannt ist. Denn der Stock ist wirklich, weil er Pilze entdeckt, aber als Ast unerkannt, sondern verwendet. Zum vierten Beispiel, weil sie zeigt, daß die Hand, das Auge, der Körper und letzten Endes also der Beobachter sich beim Beobachten nicht grundsätzlich vom Stock unterscheiden, so daß man sagen könnte, dies alles seien unerkannte, aber verwendete Teile des Waldes, welche den Wald erkennen. Und eine weitere, unüberschaubare Reihe von Gründen könnte angeführt werden, welche das Umwälzerische an der Stockantwort auf die Beobachtungsfrage begründen. Sie lassen sich natürlich unter dem Titel »Marxistische Umstellung Hegels auf die Füße« zusammenfassen, aber damit wäre das Wesentliche nicht getroffen.

Das Wesentliche nämlich ist, daß sich der Blick des Betrachters auf den Wald unter dem Druck dieser Antwort revolutionär verwandelt. Er kann ihn nicht mehr als Objekt sehen, das erkannt werden soll, sondern muß ihn als Objekt sehen, das verwendet, verwertet, also bearbeitet werden muß, um erkannt werden zu können. Also nicht mehr als ein Gefüge von Teilen, welche in Wechselwirkung funktionieren, sondern als ein Gefüge möglicher Stöcke, welche erst wirkliche Stöcke werden, wenn sie verwendet wurden. Verwirklichung ist also nicht Erkenntnis, sondern Arbeit, und das betrachtende Schreiten im Wald ist nicht Überwindung der Verfremdung, sondern Verfall in Verfremdung. Ja, das betrachtende Schreiten im Wald ist im ursprünglich gemeinten Sinn gar nicht möglich. Es gibt nämlich ein solches Schreiten nicht ohne Stöcke. Mit anderen Worten: Das Umschlagen vom Waldbeobachten ins Stöckesuchen ist wild, weil es die ganze Lebenseinstellung des Schreitenden umstellt und weil es den Wald, in dem geschritten wird, in sein Gegenteil umstülpt.

Wer in Gedanken versunken den Waldweg geht, also mit nach innen gewendetem Blick, verachtet den Wald, indem er schreitet. Das Schreiten im Wald ist seine Methode, in Gedanken zu versinken, und da die Methode zum Ziel geführt hat, kann sie verachtet werden. Für ihn besteht der Wald nicht mehr, und er befindet sich in ganz anderer Gegend. Er hat seine ursprüngliche Naturbedingtheit überwunden und hat zu sich selbst gefunden. Nämlich dorthin, wo er frei ist. In den Gedanken, in denen er ist, ist er Mensch im höchsten Sinn dieses Wortes. Und zwar in dem Sinn, daß er das Vergängliche hinter sich ließ, das also, was ihn aus seinem Menschsein belastete, und das Beständige beschritt, das also, was sein Menschsein bestätigt. In diesen Gedanken, in denen er jetzt lebt, und zwar intensiver lebt, als er anderswo leben könnte, weil er intensiver erkennt, fühlt, wählt und schafft, sieht er mit seinem inneren Blick perfekte Modelle. Zum Beispiel nur: die perfekte Geliebte, den perfekten Menschen, die perfekte Gesellschaft, das perfekte Gedicht, das perfekte Glück, das perfekte Leben. Aber auch zum Beispiel: den perfekten Wald, den perfekten Stock, das perfekte Gehen auf einem Waldweg. So daß, wer in Gedanken versunken geht, mit seinem inneren Blick alles das weit besser sieht als der, der seinen Blick nach außen wendet. Man kann, wenn man will, ein solches Gehen ein platonisches nennen, aber dann müßte man zugeben, daß in jedem von uns ein Platoniker steckt, denn wer von uns würde nicht dieses Gehen als das wahre »Zu-sich-selbst-Kommen« erleben?

Plötzlich aber, und zwar notwendigerweise früher oder später, wird man aus den Gedanken gerissen. Es ist tatsächlich so, daß eine Kraft von außen wirkt, welche einen wie einen Handschuh umstülpt und Innerstes in Äußerstes und Äußerstes in Innerstes verwandelt. Was nämlich in den Gedanken als das Wirklichste erscheint, erscheint jetzt als leere Form, und was in den Gedanken als leere Täuschung erscheint, erscheint jetzt als harte Gegebenheit des Soseins. Und mehr noch: Was in den Gedanken als Wert erscheint, zum Beispiel als gut, erscheint jetzt als Unwert, zum Beispiel als Verrat am Guten, und was in Gedanken als Unwert erscheint, zum Beispiel als verworrene Meinung, erscheint jetzt als Wert, zum Beispiel als Engagement für die Wahrheit. Diese Umstülpung geschieht, in diesem Fall, wenn man, in Gedanken versunken, mit dem Kopf gegen einen Ast stößt. Man kann diese Umstülpung, wenn man will, die Wendung aus Platon zu Nietzsche nennen, aber dann müßte man zugeben, daß jeder von uns diese Wendung mitmacht und immer schon mitmachte, vor Nietzsche, und höchstwahrscheinlich schon vor Platon.

Wenn der in sich Versunkene, vom Ast vor den Kopf gestoßen, aus den Gedanken auftaucht (jetzt wird er sagen: zu sich kommt), dann reißt er den Ast beiseite und wirft ihn, als Stock, von sich weg in die bisher verachtete Gegend. Aber zugleich weiß er, daß diese Gegend nicht als Ganzes in Stock verwandelt und weggeworfen werden kann, weil sie nämlich ganz stupiderweise da ist. Und er entdeckt, daß er, als er in seine Gedanken versank, nichts anderes tat, als sich selbst als Stock in die Gegend werfen, um vor sich selbst zu verschwinden. Damit ist in ihm eine Spaltung entstanden, die etwa so beschrieben werden könnte: Einerseits weiß er, daß er nur zu sich kommen kann, wenn er sich wegwirft. Andererseits aber weiß er, daß er nur zu sich kommen kann, wenn er sich findet.

Und zwar: wenn er sich als Stock wegwirft und als Ast findet. Und dieselbe Spaltung findet er im Wald dort, dem er jetzt seinen Blick zuwendet. Einerseits weiß er, daß er den Wald nur sehen kann, wenn er in sich selbst hineinblickt und von dem dort draußen absieht. Andererseits, daß er den in sich selbst erblickten Wald nur sieht, weil er den dort draußen gesehen hat. Und er weiß auch, daß der Wald dort draußen nur Täuschung ist, nämlich unverwirklichte Stöcke. Und andererseits, daß der Wald dort drinnen aus lauter Nichts besteht, nämlich aus Stöcken, die nicht Äste sein wollen. So also reißt der Stock ihn aus seinen Gedanken: aus nichts in nichts, aus einem Nihilismus in den anderen. Und in dieser doppelten, »Verzweiflung« genannten Spaltung kann er vielleicht eine Brücke schlagen zwischen Nichts und Nichts: nämlich Äste suchen, die für Stöcke verwendet werden können. Denn was ist ein Stock, wenn nicht das Nichts, das der Ast ist, und das Nichts, das das Stock-sein-Sollen des Asts ist? Doppelte Verneinung.

Was also sind Stöcke? Vier Seinsarten der Stöcke wurden beschrieben. Man kann sie so definieren: Stöcke sind Werke, welche entstehen, wenn eine Theorie in der Praxis angewandt wird. Stöcke sind Zeugen dafür, daß wir nicht allein auf der Welt sind und Verantwortung für andere tragen. Stöcke sind Instrumente, dank derer wir denken können und leben können, grundlegende Bedingungen also. Stöcke sind absurde Versuche, gegen das Absurde des Menschseins zu kämpfen. Und schließlich: Stöcke sind so, wie sie angesehen werden, zum Beispiel so, wie hier auf vier Arten angesehen wurde.

Stöckesuchen ist menschlich. Aber schon nicht mehr ganz menschlich. Stöckesuchen ist, menschlich zuzugeben, daß der Mensch nicht nur Mensch ist. Das ist das Wesentliche an Stöcken.

Das Unding I

Unsere Umwelt bestand noch vor kurzem aus Dingen: aus Häusern und Möbelstücken, aus Maschinen und Fahrzeugen, aus Kleidern und Wäsche, aus Büchern und Bildern, aus Konservenbüchsen und Zigaretten. Es gab damals auch Menschen in unserer Umwelt, aber die Wissenschaft hatte sie weitgehend objektiviert: Sie sind, wie alle übrigen Dinge, meßbar, kalkulierbar und manipulierbar geworden. Kurz, die Umwelt war die Bedingung unseres Daseins. Sich in ihr orientieren, hieß, natürliche von künstlichen Dingen zu unterscheiden. Kein leichtes Unterfangen. Ist dieser Efeu an meiner Hauswand ein natürliches Ding, weil er wächst und weil sich die Botanik, eine Naturwissenschaft, mit ihm beschäftigt? Oder ist er ein künstliches Ding, weil ihn mein Gärtner nach einem ästhetischen Modell gepflanzt hat? Und ist mein Haus ein künstliches Ding, weil es eine Kunst ist, Häuser zu entwerfen und zu bauen, oder ist für Menschen natürlich, in Häusern zu wohnen, wie für Vögel in Nestern? Hat es überhaupt noch Sinn, zwischen Natur und Kultur unterscheiden zu wollen, wenn es sich um Orientierung in der dinglichen Umwelt handelt? Sollte man nicht nach anderen »ontologischen« Kriterien greifen? Etwa unbewegliche von beweglichen Dingen, Immobilien von Möbeln trennen? Auch dies schafft Schwierigkeiten. Ein Land ist doch anscheinend ein unbewegliches Ding, aber Polen hat sich nach Westen verschoben. Ein Bett ist doch anscheinend ein Möbel, aber mein Bett hat sich weniger als Polen verschoben. Jeder Katalog der dinglichen Umwelt, nach welchen Kriterien auch immer er aufgestellt wird, »belebt–unbelebt«, »mein–dein«, »nützlich–unnütz«, »nah–weit«, hat Ungenauigkeit und Lücken. Es ist nicht leicht, sich in den Dingen auszukennen.

Und doch war es, wie wir jetzt rückblickend einsehen, eher gemütlich, in einer Umwelt von Dingen zu leben. Man hatte zwar, wenn man es nobel ausdrücken will, erkenntnistheoretische Schwierigkeiten, aber man wußte ungefähr, was man tun soll, um leben zu können. »Leben« heißt, dem Tod entgegengehen. Auf diesem Weg stieß man auf Dinge, die einem den Weg versperrten. Diese »Probleme« genannten Dinge mußten daher aus dem Weg geräumt werden. »Leben« hieß damals, Probleme lösen, um sterben zu können. Und man löste die Probleme, indem man entweder die widerspenstigen Dinge in gefügige verwandelte, dies hieß »Erzeugung«, oder indem man sie übersprang, dies hieß »Fortschritt«. Bis man schließlich auf Probleme kam, die weder verwandelt noch übersprungen werden konnten. Man nannte sie die »letzten Dinge«, und man starb an ihnen. Das war die Paradoxie des Lebens unter den Dingen: Man glaubte, Probleme lösen zu müssen, um den Weg zum Tod freizubekommen, um sich, wie man sagte, »von den Bedingungen zu befreien«, und man starb gerade an ungelösten Problemen. Das klingt zwar nicht sehr erfreulich, aber es ist im Grund beruhigend. Man weiß, woran man sich im Leben zu halten hat, nämlich an Dinge.

Das ist leider anders geworden. Undinge dringen gegenwärtig von allen Seiten in unsere Umwelt, und sie verdrängen die Dinge. Man nennt diese Undinge »Informationen«. »Was für ein Unsinn«, ist man versucht zu sagen. Informationen hat es immer gegeben, und, wie das Wort »In-formation« besagt, geht es um »Formen in« Dingen. Alle Dinge beinhalten Informationen, Bücher und Bilder, Konservenbüchsen und Zigaretten. Man muß die Dinge nur lesen, sie »entschlüsseln«, um die Information ans Licht zu schaffen. Das war immer so, daran ist nichts Neues.

Dieser Einwand ist nichtig. Die Informationen, die gegenwärtig in unsere Umwelt eindringen und die Dinge darin verdrängen, sind von einer Art, wie sie nie vorher bestanden hat: Es sind undingliche Informationen. Die elektronischen Bilder auf dem Fernsehschirm, die in den Computern gelagerten Daten, all die Filmbänder und Mikrofilme, Hologramme und Programme, sind derartig »weich« (software), daß jeder Versuch, sie mit den Händen zu ergreifen, fehlschlägt. Diese Undinge sind, im genauen Sinn des Wortes, »unbegreiflich«. Sie sind nur dekodierbar. Zwar scheinen auch sie, wie die alten Informationen, in Dingen eingetragen zu sein: in Kathodenröhren, in Zelluloid, in Chips, in Laserstrahlen. Aber obwohl dies »ontologisch« stimmt, ist es eine »existentielle« Täuschung. Die materielle Unterlage der neuartigen Informationen ist existentiell verächtlich. Ein Beweis dafür ist, daß die Hardware immer biller und die Software immer teurer wird. Die Reste der Dinglichkeit, die noch an diesen Undingen haften, können bei der Betrachtung der neuen Umwelt ausgeklammert werden. Die Umwelt wird immer weicher, nebelhafter, gespenstischer, und wer sich in ihr orientieren will, muß von diesem ihrem spektralen Charakter ausgehen.

Es ist aber gar nicht einmal nötig, sich diesen neuen Charakter unserer Umwelt ins Bewußtsein zu rufen. Wir sind alle davon durchdrungen. Unser existentielles Interesse verschiebt sich zusehends von den Dingen zu den Informationen. Wir sind immer weniger daran interessiert, Dinge zu besitzen, und immer mehr daran, Informationen zu verbrauchen. Nicht noch ein Möbelstück und noch ein Kleid, sondern noch eine Ferienreise, eine noch bessere Schule für unsere Kinder, noch ein Musikfest in unserer Gegend wollen wir haben. Die Dinge beginnen, in den Hintergrund unseres Interessenfeldes zu rücken. Zugleich ist ein immer größerer Teil der Gesellschaft mit dem Herstellen von Informationen, mit den »Services«, der Verwaltung, der Programmierung, und ein immer kleinerer mit dem Herstellen von Dingen beschäftigt. Das Proletariat, diese Dingerzeuger, wird Minderheit, und die Funktionäre und Apparatschiks, diese Undinghersteller, bilden die Mehrheit. Die bürgerliche Dingmoral, Erzeugung, Speicherung und Verbrauch von Dingen, weicht einer neuen. Das Leben in einer undinglich werdenden Umwelt gewinnt eine neue Färbung.

Man kann dieser Schilderung der Umwälzung vorwerfen, daß sie die Flut des unnützen Zeugs nicht berücksichtigt, welche den Einbruch der Undinge begleitet. Dieser Vorwurf ist fehl am Platz: Das unnütze Zeug beweist den Untergang der Dinge. Was geschieht, ist, daß wir Automaten informieren, damit sie solch unnützes Zeug massenhaft und billigst ausspeien. Dieses wegwerfbare Zeug, diese Anzünder, Rasiermesser, Füllfedern, plastischen Flaschen, sind keine wahren Dinge: man kann sich nicht daran halten. Und in dem

Maß, in dem wir immer besser lernen, Automaten zu informieren, werden sich alle Dinge zu derartigem Zeug verwandeln, auch Häuser und Bilder. Alle Dinge werden wertlos werden, und alle Werte werden sich in die Informationen verschieben. »Umwertung aller Werte«. Dies ist übrigens auch die Definition des neuen Imperialismus: Die Menschheit wird von jenen Gruppen beherrscht, welche über Informationen verfügen, betreffs Bau von Atomwerken und Atomwaffen, von Flug- und Fahrzeugen, von genetischen Operationen, von Verwaltungsapparaten. Diese Informationen verkaufen jene Gruppen zu höchsten Preisen an die beherrschte Menschheit.

Was da vor unseren Augen im Gang ist, dieses Verschieben der Dinge zum Horizont des Interesses hin und dieses Haften des Interesses an Informationen, ist beispiellos in der Geschichte. Und daher ungemütlich. Wir müssen, wollen wir uns darin orientieren, trotz der Beispiellosigkeit nach einer Parallele suchen. Wie sonst sollen wir denn versuchen, uns vorzustellen, wie wir in einer derart undinglichen Umwelt zu leben haben? Was das denn für eine Art Mensch sein wird, der, statt mit Dingen, mit Informationen, mit Symbolen, mit Kodes, mit Systemen, mit Modellen beschäftigt sein wird? Es gibt eine Parallele. Die erste Industrierevolution nämlich. Damals hat sich das Interesse von der belebten Natur, von Kühen und Pferden, von Bauern und Handwerkern, auf die Dinge verschoben, auf Maschinen und Maschinenprodukte, auf die arbeitende Masse und auf das Kapital, und so ist die kürzlich noch gültige, »moderne« Umwelt entstanden. Man konnte damals zu Recht behaupten, daß ein Bauer des Jahres 1750 n. Chr. einem Bauern des Jahres 1750 v. Chr. näher stehe als einem Proletarier, seinem Sohn, des Jahres 1780 n. Chr. Etwas Ähnliches gilt auch heute. Wir stehen dem Arbeiter und Bürger der Französischen Revolution näher als unseren Kindern. Diesen Kindern, die da mit elektronischen Apparaten spielen. Diese Parallele kann uns die gegenwärtige Umwälzung zwar nicht viel gemütlicher machen, aber sie kann uns helfen, die Sache in den Griff zu bekommen.

Wir werden dann nämlich einsehen, daß unser Versuch, sich im Leben an die Dinge zu halten, nicht etwa die einzige vernünftige Lebensart ist, wie wir zu glauben geneigt sind, sondern daß diese unsere »Objektivität« relativ jung ist. Wir werden einsehen, daß man auch anders leben kann: vielleicht sogar besser. Übrigens ist ja das »moderne« Leben, das Leben unter den Dingen, nicht so außerordentlich großartig, wie vielleicht noch unsere Väter meinten. Viele außerwestliche Gesellschaften der Dritten Welt scheinen gute Gründe zu haben, es abzulehnen. Wenn auch unsere eigenen Kinder es abzulehnen beginnen, so müssen wir nicht unbedingt verzweifeln. Wir müssen im Gegenteil versuchen, uns dieses neue Leben mit den Undingen vorzustellen.

Zugegeben: kein leichtes Unterfangen. Dieser neue Mensch, der da um uns herum und in unserem eigenen Innern geboren wird, ist eigentlich handlos. Er behandelt keine Dinge mehr, und darum kann man bei ihm nicht mehr von Handlungen sprechen. Nicht mehr von Praxis, nicht mehr von Arbeit. Was ihm von der Hand übrigbleibt, sind die Fingerspitzen, mit denen er auf Tasten drückt, um mit Symbolen zu spielen. Der neue Mensch ist kein Handelnder mehr, sondern ein Spieler: »homo ludens«, nicht »homo faber«. Das Leben ist ihm nicht mehr ein Drama, sondern ein Schauspiel. Es hat keine Handlung mehr, sondern es besteht aus Sensationen. Der neue Mensch will nicht tun und haben, sondern er will erleben. Er will erfahren, erkennen und vor allem genießen. Da er an Dingen nicht interessiert ist, hat er keine Probleme. Er hat statt dessen Programme. Und doch ist auch er ein Mensch: Er wird sterben und weiß es. Wir sterben an Dingen wie ungelösten Problemen, er an Undingen wie falschen Programmen. Mit solchen Überlegungen kommen wir ihm näher. Der Einbruch des Undings in unsere Umwelt ist eine radikale Umwälzung, aber die Grundstimmung des Daseins, das Sein zum Tod, wird er nicht berühren. Ob nun der Tod als ein letztes Ding angesehen werden mag oder als ein Unding.

Das Unding II

Seit der Mensch Mensch ist, behandelt er seine Umwelt. Es ist die Hand, mit ihrem den übrigen Fingern entgegenstellbarem Daumen, welche das menschliche Dasein in der Welt kennzeichnet. Diese dem menschlichen Organismus eigentümliche Hand begreift Dinge. Die Welt wird von der Hand als dinglich begriffen. Und nicht nur begriffen: Die von der Hand begriffenen Dinge werden herangeholt, um umgeformt zu werden. Die Hand informiert die von ihr begriffenen Dinge. So entstehen um den Menschen herum zwei Welten: Die Welt der »Natur«, die der vorhandenen, zu begreifenden Dinge. Und die Welt der »Kultur«, die der zuhandenen, informierten Dinge. Noch kürzlich war man der Meinung, daß die Geschichte der Menschheit jener Prozeß ist, dank welchem die Hand progressiv Natur in Kultur verwandelt. Diese Meinung, dieser »Fortschrittsglaube«, muß heute aufgegeben werden. Es wird nämlich immer ersichtlicher, daß die Hand die informierten Dinge nicht etwa in Ruhe läßt, sondern daß sie weiter an ihnen herumfuchtelt, bis sich die in ihnen enthaltene Information abwetzt. Die Hand verbraucht die Kultur und verwandelt sie in Abfall. Nicht also zwei, sondern drei Welten umgeben den Menschen: die der Natur, die der Kultur und die des Abfalls. Dieser Abfall wird immer interessanter: Ganze Wissenschaftszweige wie die Ökologie, die Archäologie, die Etymologie, die Psychoanalyse sind mit dem Studium des Abfalls beschäftigt. Und es stellt sich heraus, daß der Abfall wieder in die Natur zurückkehrt. Die menschliche Geschichte ist also nicht eine Gerade, welche von der Natur in die Kultur weist. Sondern sie ist ein Kreis, der sich von der Natur in die Kultur, von der Kultur in den Abfall, vom Abfall in die Natur dreht, und so weiter. Ein viziöser Zirkel.

Um aus diesem Zirkel herausspringen zu können, müßte man über unverbrauchbare, »unvergeßliche« Informationen verfügen. An denen die Hand nicht herumfuchteln könnte. Aber die Hand fuchtelt an allen Dingen herum, sie versucht, alles zu begreifen. Also dürfen die unverbrauchbaren Informationen nicht in Dingen aufbewahrt werden. Es müßte eine undingliche Kultur hergestellt werden. Gelänge das, gäbe es kein Vergessen mehr, dann wäre die Geschichte der Menschheit tatsächlich ein linearer Fortschritt. Ein immer weiter wachsendes Gedächtnis. Wir sind gegenwärtig Zeugen des Versuchs, eine derartig undingliche Kultur, ein derartig immer weiter wachsendes Gedächtnis herzustellen. Die Computergedächtnisse sind dafür ein Beispiel.

Das Computergedächtnis ist ein Unding. Ebensolche Undinge sind elektronische Bilder und Hologramme. Das sind lauter Undinge, denn sie sind nicht mit der Hand zu fassen. Es sind Undinge, denn es sind unverbrauchbare Informationen. Zwar sind diese Undinge vorläufig mit Dingen wie Silikonchips, Kathodenröhren oder Laserstrahlen verhaftet. Aber Hesses »Glasperlenspiel« und ähnliche Futurologien erlauben, sich eine Befreiung der Undinge von den Dingen mindestens vorzustellen. Eine Befreiung der Software von der Hardware. Wir haben übrigens gar nicht nötig, futurologisch zu phantasieren: die wachsende Undinglichkeit und Weichheit der Kultur ist bereits gegenwärtig ein tägliches Erlebnis. Die Dinge um uns herum schrumpfen, »Miniaturisierung«, und werden immer billiger, und die Undinge um uns herum schwellen an, »Informatik«. Und diese Undinge sind zugleich flüchtig und ewig. Sie sind nicht vorhanden, und doch zuhanden: sie sind unvergeßlich.

In einer derartigen Lage haben die Hände nichts zu suchen und nichts zu schaffen. Da diese Lage unfaßbar ist, ist dort nichts zu begreifen und nichts zu behandeln. Die Hand, die begriffliche und erzeugende Handlung, ist dort überflüssig geworden. Was es dort noch zu begreifen und zu erzeugen gilt, wird automatisch von Undingen, von Programmen geleistet: von »künstlichen Intelligenzen« und von robotisierten Maschinen. In einer derartigen Lage hat sich der Mensch von begrifflicher und erzeugender Arbeit emanzipiert, er ist arbeitslos geworden. Die gegenwärtige Arbeitslosigkeit ist keine »Konjunkturerscheinung«, sondern sie ist ein Symptom für die Überflüssigkeit der Arbeit in einer undinglichen Lage.

Die Hände sind überflüssig geworden und können atrophieren. Nicht aber die Fingerspitzen. Im Gegenteil: sie werden zu den wichtigsten Organen. Denn in der undinglichen Lage gilt es, undingliche Informationen herzustellen und zu genießen. Die Herstellung von Informationen ist ein Permutationsspiel mit Symbolen. Der Genuß von Informationen ist ein Betrachten von Symbolen. In der undinglichen Lage gilt es, mit Symbolen zu spielen und sie zu betrachten. Zu programmieren und Programme zu genießen. Und um mit Symbolen zu spielen, um zu programmieren, muß man auf Tasten drücken. Dasselbe muß man tun, um Symbole zu betrachten, um Programme zu genießen. Tasten sind Vorrichtungen, welche Symbole permutieren und ansichtig werden lassen: siehe Klavier und Schreibmaschine. Um Tasten drücken zu können, sind Fingerspitzen nötig. Der Mensch der undinglichen Zukunft wird dank seiner Fingerspitzen dasein.

Es ist daher zu fragen, was existentiell geschieht, wenn ich auf eine Taste drücke. Was geschieht, wenn ich auf eine Schreibmaschinentaste, auf eine Klaviertaste, auf eine Taste am Fernsehapparat, am Telefonapparat drücke. Was geschieht, wenn der Präsident der Vereinigten Staaten auf die rote Taste drückt oder der Fotograf auf den Auslöser. Ich wähle eine Taste, ich entscheide mich für eine Taste. Ich entscheide mich für einen bestimmten Buchstaben der Schreibmaschine, für einen bestimmten Ton des Klaviers, für ein bestimmtes Programm des Fernsehens, für eine bestimmte Telefonnummer. Der Präsident entscheidet sich für einen Krieg, der Fotograf für eine Aufnahme. Fingerspitzen sind Organe der Wahl, der Entscheidung. Der Mensch emanzipiert sich von der Arbeit, um wählen und um entscheiden zu können. Die arbeitslose, undingliche Lage erlaubt ihm Wahlfreiheit und Entscheidungsfreiheit.

Diese handlose Fingerspitzenfreiheit ist jedoch ungemütlich. Wenn ich einen Revolver gegen meine Schläfe halte und den Hahn abziehe, habe ich mich für den Freitod entschieden. Dies ist scheinbar die höchste Freiheit: Ich kann mich durch den Druck auf den Hahn von jeder Zwangslage befreien. Aber in Wirklichkeit löse ich mit diesem Druck einen Prozeß aus, der im Revolver vorprogrammiert ist. Ich habe mich nicht etwa »frei« entschieden, sondern ich habe mich innerhalb der Grenzen des Revolverprogramms entschieden. Und des Schreibmaschinenprogramms, des Klavierprogramms, des Fernsehprogramms, des Telefonprogramms, des amerikanischen Verwaltungsprogramms, des Programms des Fotoapparates. Die Entscheidungsfreiheit des Fingerspitzendrucks erweist sich als programmierte Freiheit. Als eine Wahl vorgeschriebener Möglichkeiten. Ich wähle laut Vorschrift.

Es sieht demnach so aus, als ob sich die Gesellschaft der undinglichen Zukunft in zwei Klassen gliedern würde: in die der Programmierenden und die der Programmierten. In die Klasse jener, die Programme herstellen, und jener, die sich programmgemäß verhalten. In die Klasse der Spieler und in die der Marionetten. Dies ist zu optimistisch gesehen. Denn was die Programmierenden tun, wenn sie auf ihre Tasten drücken, um mit Symbolen zu spielen und Informationen herzustellen, ist die gleiche Fingerspitzenbewegung wie die der Programmierten. Auch sie entscheiden sich innerhalb eines Programms, das man das »Metaprogramm« nennen könnte. Und die Spieler mit dem Metaprogramm drücken ihrerseits auf Metatasten eines »Metametaprogramms«. Und dieser Rekurs von Meta zu Meta, von Programmierern der Programmierer von Programmierern, erweist sich als endlos. Nein: die Gesellschaft der undinglichen Zukunft wird klassenlos sein, eine Gesellschaft programmierender Programmierter. Dies also ist die Entscheidungsfreiheit, für welche uns die Emanzipation von der Arbeit öffnet. Der programmierte Totalitarismus.

Allerdings ein außerordentlich befriedigender Totalitarismus. Denn die Programme werden zusehends besser. Das heißt: Sie enthalten astronomische Mengen von wählbaren Möglichkeiten. Mengen, welche die menschliche Entscheidungsfähigkeit übersteigen. So daß ich bei meinen Entscheidungen, bei meinem Tastendrücken, nie an die Grenzen des Programmes stoße. Die verfügbaren Tasten sind so zahlreich, daß meine Fingerspitzen nie alle berühren können. Ich habe daher den Eindruck, völlig frei zu entscheiden. Der programmierende Totalitarismus, wenn er sich einmal verwirklicht haben wird, wird den an ihm Beteiligten nie mehr feststellbar sein: er wird für sie unsichtbar werden. Sichtbar ist er nur in seinem gegenwärtigen embryonalen Zustand. Wir sind vielleicht die letzte Generation jener, die einsehen können, was sich da vorbereitet.

Wir können es einsehen, denn wir haben vorläufig noch Hände, mit denen wir begreifen können, um handeln zu können. Daher können wir den heranrückenden programmierenden Totalitarismus als ein Unding erkennen: denn wir können ihn nicht begreifen. Vielleicht ist aber diese unsere Begriffsstutzigkeit ein Zeichen dafür, daß wir »überholt« sind? Denn ist eine von der Arbeit emanzipierte Gesellschaft, die glaubt, sich frei entscheiden zu können, etwa nicht jene Utopie, die der Menschheit seit je vorschwebt? Vielleicht gehen wir der Fülle der Zeiten entgegen? Um dies beurteilen zu können, müßte man den Begriff »Programm«, diesen Grundbegriff der Gegenwart und Zukunft, genauer analysieren.

Das Bett

»To bed, to bed: there's knocking at the gate.
Come, come, come, come, give me your hand.
What's done cannot be undone.
To bed, to bed, to bed.«

Macbeth, Act V, Scene I.

1.

Wir wohnen. Wir könnten nicht leben, wenn wir nicht wohnten. Wir wären unbehaust und schutzlos. Ausgesetzt einer Welt ohne Mitte. Unsere Wohnung ist die Weltenmitte. Aus ihr stoßen wir in die Welt vor, um uns auf sie wieder zurückzuziehen. Von unserer Wohnung aus fordern wir die Welt heraus, und wir fliehen vor der Welt in unsere Wohnung. Die Welt ist die Umgebung unserer Wohnung. Unsere Wohnung ist das, was die Welt befestigt. Der Verkehr zwischen Wohnung und Welt ist das Leben. Ein Pulsieren zwischen Horizont und Mitte. Ein Ausgießen und ein Sammeln, ein Sichgeben und ein Sich-finden, ein Handeln und ein Betrachten, Abschied und Heimkehr. Die Welt ist das Alphabet, das wir entziffern. Die Wohnung ist das Alpha und das Omega. Wir wohnen.

Wir wohnen? Wo? Was beschützt uns? Was bewirkt, daß wir nicht ausgesetzt sind? Wo ist unserer Welten Mitte? Worauf stützen wir uns, um gegen sie vorzustoßen? Haben wir einen Ort, wohin wir uns zurückziehen können? Ist das, was uns umgibt, die Welt, und ist es gefestigt? Was ist unser Leben? Hat es eine Richtung? Haben wir Horizonte und Mitte? Können wir uns ergießen? Und sammeln? Können wir uns geben? Und finden? Handeln wir betrachtungslos und betrachten wir, ohne zu handeln? Können wir Abschied nehmen, wenn wir nicht heimkehren können? Können wir heimkehren, ohne Abschied genommen zu haben? Was für ein Alphabet ist denn das, ohne Alpha und ohne Omega? Können wir eine unendliche Reihe von Ziffern entziffern? Ist denn das noch ein Alphabet, wo es keinen Sinn gibt? Wir wohnen?

Die Fragen zernagen die Behauptungen, so daß sie zerbröckeln. Sie nagen, vernünftige Ratten, an den übervernünftigen Grundlagen unserer Wohnung. Sie zerstören Unterbauten. Und sie gebären andere Fragen. Unsere Wohnung ruht jetzt auf einer Menge von explosiv fruchtbaren Fragen. Die Fruchtbarkeit der Fragen ist der Boden unserer Wohnung. Wir sind keine bodenlosen Wesen. Aber es ist ein schwankender und ein wogender Boden. Die Schnauzen und Schwänze der fruchtbaren Fragen sind jetzt der Ort, von dem aus wir in die Welt vorstoßen, und wir fliehen vor der Welt auf die Rücken der Ratten. Wie auf einem Boot, das im Sturme tanzt, sehen wir unsere Horizonte steigen, fallen und sich verzerren. Uns erfaßt eine wilde Seekrankheit auf der Woge der Ratten. Wir erbrechen, von Ekel gepeinigt, auf den Rücken der Ratten, auf den Boden unserer Wohnung. What's done, cannot be undone. To bed, to bed, to bed.

Es gibt noch Betten. Wohnungen, streng, eng und strikt

gesprochen. Streng, eng und strikt gesprochen, wohnen wir in Betten. Wir wohnen in der Strenge und Enge der Betten. Und von Betten handelt darum dieser Versuch, etwas eigenartig zu philosophieren.

2.

Die Eigenart dieses Philosophierens erfordert, unglücklicherweise, einige Bemerkungen über die Methode. Noch ist es leider nicht möglich, ohne Methode zu philosophieren. Noch können wir nicht, strukturlos, untertauchen in den entfesselten Strom des Bewußtseins. Noch ist das Philosophieren an den Diskurs gebunden. Dies ist ein Versuch, den Diskurs zu brechen oder ihn wenigstens zu verbiegen. Aber die Zwangsjacke der Grammatik, also der Logik, drückt sich doch dem Zusagenden auf, und wie sie das tut, muß ich gestehen:

Das Bett als Wohnung im engen und strengen Sinne des Wortes ist eine Weltenmitte. Es ist Mitte zahlloser Welten. Ich muß unter diesen Welten wählen. Wie kann ich wählen, was gibt mir ein Kriterium, wie kann ich mich entscheiden? Ich kann es, weil ich nicht, vom Bette aus, zahllose Welten erfahren habe. Meine Erfahrung aus dem Bett ist eine begrenzte Erfahrung. Und unter begrenzten Fällen kann ich wählen. Ich kann mich für die für mich entscheidendsten entscheiden. Mein Kriterium ist autobiographisch. Ich wähle folgende Welten, deren Mitte das Bett ist: Geburt, Lesen, Schlaf, Liebe, Schlaflosigkeit, Krankheit und Tod.

Dies ist der Versuch, diese auserwählten Welten zu schildern. Bevor ich sie schildere, muß ich sie ordnen. Ein weiteres methodologisches Problem ist zu meistern. Ich wähle als Kriterium des Ordnens das Leiden. Ich will die zu beschreibenden Welten nach dem Leiden ordnen. So, daß sich in ihnen das Leiden steigert. Warum das Leiden? Weil das Leiden, das Passive, die Passion, die Stimmung des Bettes ist, zum Unterschied zum Beispiel vom Tisch, an dem die Handlung, das Aktive und die Aktion besser stimmen.

Aber das Leiden allein genügt nicht als Kriterium des Ordnens. Es ist kein vernünftiges Kriterium und für Geometrie nicht gut zu gebrauchen. Aber die Vernunft ist, wie Descartes mir beweist, eine Schwester der Geometrie, und ich will mich brüderlich zu ihr stellen. »More geometrico« will ich vorgehen und ihr zu Ehren eine Pyramide errichten. An deren Spitze werde ich die Liebe stellen, an ihre Flanken parallele Welten. Also, von der Spitze aus nach rechts und links gesehen, Schlaf und Schlaflosigkeit als erstes Paar, Lesen und Krankheit als zweites und Geburt und Tod als das grundlegende Paar auf der Hypotenuse. So gelingt es mir, eine Hierarchie aufzustellen. Eine mehrwertige Hierarchie, möchte ich hoffen. Vektoren verbinden die erlesenen Welten und deuten auf die Liebe als Spitze. Aber andere Vektoren verbinden homomorphe Welten. Pythagoras, unverhofft hast du dich eingeschlichen.

Und noch ein methodologisches Problem muß ich eingestehen. Die fünf erhobenen Welten auf der Pyramide können reflexiv angegriffen werden, denn sie sind erlebbar. Aber die Grundwelten der Geburt und des Todes können wir nicht erleben. Wir müssen gestehen, daß wir unsere Geburt und unseren Tod nicht erkennen können. Wir kennen nur die Geburt und den Tod des andern. Das ist nicht zu ändern. Und dies ist also mein methodologisches Geständnis.

3.

Ich sehe zwei Betten. In einem liegt eine Frau, sagen wir, meine. Das andere ist eine Wiege. Ich versuche, aus dieser Wiege Weltmitte zu machen. Ich entwerfe mich auf die brüllende Sache dort in der Wiege. Der Entwurf ist schwierig. Ich muß mich aufzugeben versuchen. Was habe ich aufzugeben? Vor allem wohl meine Erfahrung. Ich will versuchen, sie auszuklammern. Was habe ich auszuklammern? Folgende Erfahrung:

Die brüllende Sache dort in der Wiege ist Mensch, weil sie Menschensohn ist. Ein aus drei Keimblättern bestehendes vielzelliges Wesen. Ein Wirbeltier, vom Typus der anthropiden Säugetiere. Sie besteht, wenn analysiert, hauptsächlich aus Wasser, aus Polymeren auf Karbonbasis und aus anderen Elementen. Sie ist ein System, verbraucht Energie und ist bedingt von Luft, Wasser und einigen, »Nahrung« genannten Stoffen. Dieses System wird zerfallen, und zwar wird es in Luft, Wasser und Nahrung zerfallen. Es ist ein Mensch in diesem Sinne.

Die brüllende Sache ist ein Mensch, weil sie Menschensohn ist. Ihre drei breiartigen Kilos beinhalten ein Nervensystem, das von inneren und äußeren Einflüssen gereizt wird. Vorläufig sind nur die inneren am Werke. Bald wird es sich den äußeren öffnen, und das Feld der äußeren Einflüsse wird riesenhafte Dimensionen haben. Äußerst reich gegliederte Einflüsse von sehr verschiedenem Ursprung und sehr verschiedener Stärke werden es reizen. Das System wird diese Einflüsse zu Erlebnissen, Strebungen, Gedanken und Handlungen verwandeln. Es wird unter den Reizen wählen, sie werten, und es wird sich Modelle bauen, um sich den Reizen anzupassen. Schließlich wird es nachdenken, sich von den Reizen distanzieren und aus der Distanz die Modelle von den Reizen nicht gut unterscheiden können. Es wird zweifeln und philosophieren. Es ist ein Mensch in diesem Sinne.

Die brüllende Sache ist ein Mensch, weil sie Menschensohn ist. Jetzt ist sie nur ein Punkt in meinem Feld, also ein Gegenstand, der für mich ist. Aber bald wird sie sich von mir nicht so verdingen lassen. Bald wird sie, ihrerseits, mich zu ihrem Gegenstand machen wollen. In dieser gegenseitigen Vergegenständigung werden wir beide, die Sache dort und ich, uns verständigen und einander anerkennen. Wir werden miteinander sprechen. Miteinander: denn eins wird dem anderen der andere werden. Und so wird die brüllende Sache in den Strom des Gespräches tauchen, in jenen Strom, den wir »Kultur« und »Geschichte« nennen. Das große Gespräch wird die Sache dort programmieren. Es wird das Netz sein, in dem die Sache dort eingefangen wird, um darin zu existieren. Nie wird es diesem Netze entkommen. Die Geschichte, die Kultur, wird sie bedingen. Diese Kultur, diese Geschichte. Soviel sich die Sache dort auflehnen wird, sie wird ein Gefangener bleiben. Aber auflehnen wird sie sich, allem zum Trotze. Diese Rebellion wird sie aus dem Gefängnis nicht befreien, aber sie wird das Gefängnis bereichern. Die Sache dort ist ein Mensch in diesem Sinne.

Die brüllende Sache ist ein Mensch, weil sie nicht nur Menschensohn ist. Ich kann ihre Zukunft nicht voraussehen, und das nicht nur, weil ich nicht alle ihre Bedingungen kenne. Die Nahrungen, die Reize und die Geschichte, und wären sie mir zur Gänze bekannt, würden die Handlungen und die Zukunft der brüllenden Sache nicht ganz erklären. Es wird immer einen Rest von Ursprünglichem, Überraschendem und Unerwartetem geben. Und dieser Rest wird etwas ganz Neues sein, etwas Unerklärliches und Unersetzliches, also etwas Geheimnisvolles. Etwas noch nie Dagewesenes steckt in dieser brüllenden Sache. Die Sache dort ist ein Mensch in diesem Sinne.

Also diese und ähnliche Erfahrungen habe ich auszuklammern, um mich auf die Wiege zu entwerfen. Um die brüllende Sache zur Weltmitte zu machen. Was ist geblieben? Das Brüllen. Was sagt dieses Brüllen? Ich will nicht! Niemand hat mich befragt, bevor ich in diese Wiege geworfen wurde. Ich habe nicht gewählt, geboren zu werden. Man hat mich nicht vor die Wahl gestellt, Säugetier oder etwas anderes zu werden. Daß ich Mensch bin und Mitglied dieser Kultur und dieses Volks und dieser Klasse und Sohn dieser Eltern, das ist nicht meine Wahl, und ich lehne ab, mich so bedingen zu lassen. Ich akzeptiere nicht das Leben unter solchen Bedingungen. Ich will zurück zu dem Platz, aus dem ich gerissen wurde. Ich will nicht! To bed, to bed, to bed.

4.

Nacht, und Zeit der Passion, des Erleidens. Die große Stadt ist unter meine Horizonte untergegangen. Das rhythmische Pulsieren ihrer Apparate, das meine Welt strukturiert, ist untergegangen. Die Nacht hat meine Welt verschlungen. Tat und Tätigkeit hat sie verschlungen. Das Feld ist nun der Passivität, der Leidenschaft und dem Leiden geöffnet. Ich liege im Bette und lese.

Tagsüber, dort draußen in der Welt, war ich eine Faust, die

sich ballte. Ich habe gegen Tische und Wände gehämmert, um mir Wege zu öffnen. Jetzt hat sich die Faust geöffnet. Auf der offenen Handfläche, die ich bin, liegt das Buch, das ich lese. Ich lebe nun in umgekehrter Richtung. Ich strahle nicht aus, ich absorbiere. Ich drücke nicht auf, ich werde beeindruckt. Ich rede nicht, ich horche. Ich handle nicht, ich fasse. Ich bin nicht exzentrisch, ich bin konzentrisch. Meine Konzentration ist meine offene Handfläche: ich bin konzentriert, denn ich habe mich geöffnet.

Die offene Handfläche ist eine Muschel. Sie sammelt, Schale die sie ist, das Lesen. Sie sammelt informative Sätze. Ich bin ein Netz für Informationen, eine Spinne für informative Fliegen. Mein Mund hat sich geöffnet. Mich dürstet. Ich bin offen, also dürftig. Ich bedarf der Informationen, die in meine Öffnung fließen, in das Nichts in meiner Mitte. Ich kann lesen, denn das Nichts in mir saugt Informationen. Wäre ich kompakt, wie die Faust am Tage, dann brächen sich die Wellen der Information an meiner Insel. Ich horche und gehorche dank meiner Leere. Mein Nichts ist das Organ meines Leidens, meines Zulassens, meines Lernens.

Ich lese, ich horche. Ich horche, ich gehorche. Ich gehorche, ich lasse. Ich lasse, ich gewähre Einlaß. Ich gewähre den Informationen Einlaß. Ich gewähre dem Buche Einlaß. Das Buch ist der andere. Ich gewähre dem anderen Einlaß. Ich lasse zu, daß der andere mich ändert. Ich lese, um mich zu ändern. Ich habe mich dem anderen geöffnet, um mich zu ändern. Ich bin plastisch. Ich lasse mich vom anderen auf meinem Plasma brandmarken.

Nicht, ohne mich zu wehren. Ich bin nicht unförmig. Ich habe Strukturen. Ich habe schon gelesen. Andere haben mich schon früher gebrandmarkt. Ich habe deswegen Programme. Ich kann daher die jetzigen Informationen nicht vorurteilslos lesen. Ich habe Urteile von früher. Diese Vorurteile diskriminieren. Sie wählen. Sie lehnen einige Informationen als »falsch« ab. Und »falsch« heißt: nicht im Einklang mit meinen Programmen. Andere Informationen lehnen sie als »sinnlos« ab. Und »sinnlos« heißt: nicht in meinen Programmen. Ich lese also drei Typen von Informationen: »falsche«, »sinnlose« und »wahre«. Meine Programme erlauben mir nicht, alle Informationen aufzunehmen. Sie erlauben mir nicht, alle Sätze zu lesen.

Aber einige dieser Sätze ändern meine Programme. Manche »sinnlosen« Sätze werden zu Informationen. Ich habe solche Sätze erlernt. Manche »falschen« Sätze werden zu »wahren«. Ich habe diese Sätze begriffen. Manche »wahren« Sätze werden zu »falschen«. Ich habe diese Sätze verstanden. Die Sätze des Buches haben die Sätze in meinen Programmen gesondert. Sie sind auf meine Programme gestürzt und haben ihre Sätze verwandelt. Was für mich früher wahr war und falsch war und sinnlos war, ist jetzt nicht mehr so, sondern teilweise anders. Meine Vorurteile sind jetzt anders und schwächer. Ich bin zum Teil ein anderer geworden. Dank diesem meinem Lesen. Ich bin ein anderer geworden, denn ich habe gelernt, begriffen und verstanden.

Was hat sich in mir geändert? Mein Glaube. Glaube heißt Erwartung und Hoffnung. Mein Lesen hat meine Erwartung und Hoffnung geändert. Da ich anders geworden bin, erwarte ich etwas anderes und hoffe auf etwas anderes. Ich erwarte, für morgen früh, wenn ich aufstehen werde, eine andere Welt, und hoffe, sie anders vorzufinden. Da mein Lesen meinen Glauben verändert hat, hat es meine Welt verändert. Morgen, als geschlossene Faust, werde ich andere Tische und andere Wände hämmern. Mein morgiges Hämmern wird eine Artikulation meiner heute erlittenen Veränderung sein, also meine Antwort auf das Buch, das ich lese. Morgen werde ich ins Gespräch mit dem heutigen Buche treten.

Ich hämmere die Welt, um sie zu ändern. Um sie zu ändern, so wie ich mich geändert habe. Das ist meine Antwort: die Welt nach meiner erlittenen Veränderung zu ändern. Im Leiden habe ich mich verändert, im Handeln soll ich danach die Welt verändern. Morgen werde ich handelnd antworten, heute die Verantwortung übernehmen. Mein Leiden, meine Leidenschaft, mein Lesen, sind die Verantwortung, mein Handeln und meine Tätigkeit, mein Engagement, sind darauf die Antwort. Ich lese, um Verantwortung für Antworten zu haben.

Ich lese: Ich lasse zu, daß Worte für Verantwortung und

Antwort in meine innere Leere strömen und in diesem Strom meinen Glauben ändern. Ich bin ein saugender Wirbel. Morgen werde ich Zentrifuge. Ich werde meine Veränderung gegen meine Horizonte entwerfen. Der Entwurf zu meinem Entwerfen ist in meinem Lesen. Das Lesen ist ein Erleiden von Entwürfen. Das Lesen ist eine Leidenschaft, denn es läßt mich entwerfen. Ich lese leidenschaftlich. Die Leidenschaft, die ich erleide, wird die Welt ändern. Es ist eine weltverändernde Leidenschaft, denn sie ändert den Glauben. Ich lese, um meinen Glauben zu ändern, also leidenschaftlich. Mein Glaube wird vom anderen geändert. Ich lese in Richtung des anderen. Des anderen, der an mein Tor klopft. To bed, to bed: there's knocking at the gate.

5.

Ich schlafe. Morgen werde ich wieder zu mir kommen. Wo bin ich jetzt? Im Bett zwar, aber ich warte auf meine Rückkehr. Ich bin außer mir. Wo? Ich bin in Schlaf gefallen.

Ich weiß, daß ich in Schlaf fiel, weil ich mich habe fallen lassen. Ich weiß, daß ich zurückkehren werde, weil ich gerufen werde. Aber es ist ein Abgrund zwischen diesen beiden Wissen. Ich kann von diesem Abgrund nicht sprechen, denn ich bin außer mir, wenn ich ihn durchschreite. Ich bin im Bett, wenn ich im Abgrund wandle. Im Abgrund bin ich nicht gegenwärtig. Aber ich vergehe auch nicht im Abgrund, noch komme ich zu mir. Der Abgrund ist zeitlos.

Ich kann vom Abgrund nicht sprechen, aber ich kann ihn besingen. O Abgrund, der du mein Bett begründest. O Abgrund, auf dem ich wohne. O Abgrund in meinem Innern. O Schlaf, süßer Bruder meiner Geburt und meines Todes. Wenn ich dir verfalle, verlasse ich mich, und wenn ich dich verlasse, finde ich mich wieder. Oder: Wenn ich in dich falle, finde ich mich wieder, und wenn ich dich verlasse, entfremde ich mich von mir? Das Fallen in dich, ist es nicht die Lösung eines Krampfes? Und das Erwachen, ist es nicht eine Verkrampfung? O Schlaf, du verwirrst meine Begriffe. Du bist unbegreiflich. Ich kann dich nicht begrifflich fassen. Ich kann dich nur negativ erreichen. Nur, wenn ich nicht begreifen will, dann kommst du. Du bist das Geheimnis, worin ich verfalle. Du machst mich schläfrig.

Und doch: Ich muß mich für dich entscheiden. Ich muß dich anrufen: komm! Ich muß mich dir öffnen. Ich muß mich entschließen, dich sein zu lassen. Ein Entschluß zum Unterdrücken des Willens. Ein Wille gegen den Willen. Ein Widerspruchsentschluß, ein dialektisch gespannter Bogen. Der Bogen ist meine Öffnung. Durch den Spalt des Widerspruchs falle ich in den Schlaf, in den Abgrund der Negation, die keine Position ist.

Ein Entschluß ist Wahl, also Annahme einer Möglichkeit und Verlust aller anderen. Ich gewinne etwas, und ich verliere etwas, wenn ich mich entschließe. Was gewinne ich in meinem Entschluß zum Schlafe? Nichts, ich gewinne nichts, es ist das Nichts, das ich gewinne. Ich gewinne den Ozean der Vernichtung. Die Aufhebung, die Befreiung, die Zerstörung der Last, die Pause, »époché«, das Wesentliche. Die Rast, »quiem in pace«. Was verliere ich? Alles. Ich verliere mich, und ich verliere die Welt, die Kraft zur Entscheidung und das Feld der Entscheidung. In meinem Entschluß zum Schlaf verliere ich das Entscheidende und die Entscheidung. Ich verliere meine Würde, denn meine Würde ist meine Freiheit, mich zu entscheiden. Der Fall in den Schlaf ist die Dekadenz meiner Würde. Ich bin würdelos, wenn ich schlafe. Ich kann meinen Entschluß zum Schlaf als Verlust meiner Würde verharmlosen, indem ich sage: Es ist ein vernünftiger Entschluß und darum würdevoll. Ich falle in Schlaf, um Kräfte dort unten zu sammeln, mich desto besser nach dem Erwachen entscheiden zu können. Mein Schlafen ist ein »réculer pour mieux sauter«, ein strategischer Rückzug. Mein Entschluß zum Schlaf ist kein letzter Entschluß, wie der Entschluß zum Tode. Der Schlaf ist nur der jüngere Bruder des Todes.

Also gut: der Schlaf ist harmlos geworden. Ich habe ihn vernünftigerweise vergegenständlicht. Dort steht er, hier bin ich, und alles ist zum besten. Das ist eine Erklärung. Aber ist der erklärte Schlaf *mein* Schlaf? Ist das, was mir zum Beispiel die Naturwissenschaft vom Schlaf erzählt, die Erklärung *meines* Schlafes? Ist mein Schlaf wirklich mein Gegenstand, den ich erklären kann und also auch behandeln und ändern? Oder ist es nicht vielmehr so, daß ich ein Gegenstand meines Schlafes bin, eine objektive Oberflächenerscheinung meines Schlafes? Sind nicht meine wachen Tage ein schwebendes Archipel auf dem Ozean des Schlafes? Bin ich nicht eine Perlenkette von wachen Augenblicken, der die dunkle Schnur des Schlafs die Struktur gibt? Bin ich nicht ein periodisch aus dem Schlaf Vertriebener, ist nicht eben mein Vertriebensein aus dem Schlaf die Seinsform meines Daseins? Bin ich nicht da, weil ich vom Schlafe komme und zum Schlafe gehe? Die warme Umarmung des Verborgenen umfängt wieder mein Spekulieren.

Der Eintritt in den Abgrund des Schlafs ist von einem Schleier verdeckt, und diesen Schleier kann ich öffnen oder zerreißen. Es ist der Schleier der Träume. Ich will ihn jetzt nicht zerreißen, wie die Psychoanalyse es tut, sondern ich will ihn ein wenig philosophisch lüften. Jetzt ist er etwas, jetzt ist er nichts, denn er ist schon Welt und nicht mehr Welt, denn er ist noch ich, und schon bin ich es. Ich und Welt, extreme Träume, Grenzfälle von Träumen. Wache Welt des wachen Ich: extrem vom Schlaf entfernte Träume. Wache Welt des wachen Ich: extreme Entfremdung. Kann man, angesichts dieses Schleiers, überhaupt ontologisch denken? Hat das Wort »Wirklichkeit« eine nur in Verbindung mit dem Schlaf sinnvolle Bedeutung? Ist es relativ zum Schlaf, so daß »wirklich« ist, was am weitesten vom Schlaf ist?

Und doch: man muß ontologisch denken. Denn man muß sich finden. Man muß sich finden, um sich geben zu können. Und die Ontologie beginnt mit dem Schleier der Träume. Je dichter der Schleier, desto mehr finde ich mich. Ich befinde mich am dichtesten Punkt des Schleiers. Wirklichkeit ist verdichteter Schleier. Aber Wirklichkeit *ist* nicht. Wirklichkeit *wird*, und zwar wird sie aus Träumen. Wirklichkeit ist verdichteter Traum, und ich bin es, der ihn verdichtet. Ich hämmere, wenn ich erwache, wirkliche Tische und wirkliche Wände, denn ich komme vom Traum, und ich hämmere sie, um sie meinen Träumen anzugleichen und dadurch noch wirklicher zu machen. Ich bin ein Ausgesandter der Träume im Felde der Wirklichkeiten, und so erst Gesandter der Träume im Felde der Wirklichkeiten, und ich bin es, der das Feld in Wirklichkeit verwandelt.

Durch Träume hindurch gehe ich zur Welt, wenn ich erwache. Durch Träume hindurch falle ich in Schlaf, den Abgrund ohne Träume. Wenn ich erwache, entreiße ich dem Schlaf seine oberflächlichen Träume, um sie wirklich zu machen. Wenn ich dem Schlaf verfalle, verliere ich alle Träume. Träume sind Modelle. Wirklichkeit ist ausgeführte und also vernichtete Modelle. Wenn ich in Schlaf falle, verlasse ich alle Modelle. Wenn ich in Schlaf falle, stehe ich, wittgensteinisch, jenseits aller Modelle. Aber worüber man nicht sprechen kann, davon muß man schweigen.

Der Abgrund des Schlafs ist unter dem Bette offen. Er ruft mich, daß ich falle. Daß ich mich nicht mehr gebe, sondern mich ergebe. Daß ich mich lasse und mich verlasse. There's knocking at the gate. Come, come, come, come.

6.

Die andere. Ich erkenne mich in dir, du bist mein Beben, Beben der anderen. Wir beben, ich und du, meine andere. Wir beben in der Umarmung. Etwas hat uns umarmt. Was ist dieses Etwas, dieses ganz andere Etwas?

Dieses ganz andere macht, daß wir »wir« sind. In unserem »Wir« haben wir unser »Du« und unser »Ich« verloren. Vielleicht ist dieses »Wir«, das wir sind, eben das ganz andere, das uns umarmt. Hat das ganz andere einen Namen? Liebe? Verlangen und Tod des Verlangens? Wille, zu sein, und Wille, zu vergehen? Sein wollen und die andere sein lassen wollen? Tat und Leidenschaft, Handeln und Leiden? Aber vielleicht ist ganz einfach »wir« der Name des ganz anderen. Ich bedarf deiner, meine andere, in meiner Einsamkeit, zu meinem Troste. Ich erkenne an deiner Einsamkeit meine Einsamkeit, so laß uns gemeinsam einsam sein, zu gemeinsamem Troste. Jetzt bin ich nicht mehr einsam. Die andere ist jetzt bei mir einsam. Wir sind gemeinsam.

Ich bin einsam, denn einsam bin ich geboren, und einsam

werde ich sterben. Niemand hat mich bei meiner Geburt vertreten, und niemand wird mich bei meinem Tode vertreten. Ich kann meine Macht in Geburt und Tod nicht weitergeben und Bevollmächtigte ernennen. Meine Macht ist einsam. Ich kann auch niemanden bei seiner Geburt oder Tod vertreten oder als sein Bevollmächtigter handeln und leiden. Darum sind alle Vollmachten und Verantwortungen, die ich in meinem Leben annehme oder vergebe, vor dem Tode nichtig. Sie sind von meiner grundlegenden Einsamkeit vernichtet. Ich bin einsam, denn ich kann niemanden grundlegend ersetzen oder von ihm ersetzt werden. Ich bin unersetzlich. Alles um mich herum ist ersetzlich. Alles ist tauschbar. Und darum ist alles wertvoll. Der Wert einer Sache um mich herum ist aus dem Tausch ersichtlich. Daß ich sie ersetzen kann, macht eine Sache wertvoll. Ich selbst bin eine Sache für andere. Sie können mich ersetzen für einen Wert, den ich für sie habe. Ich habe für sie einen Wert, denn ich bin für sie eine Sache. Wenn ich sterbe, haben sie etwas verloren. Denn sie wertschätzen mich, so wie ich sie wertschätze. Wir lieben einander nicht, ich und die anderen.

Aber du, meine andere, bist vollkommen wertlos. Ich kann dich nicht ersetzen. Ich weiß von deiner Einsamkeit, deiner Unersetzlichkeit, deiner Unaustauschbarkeit, weil ich mich in dir erkenne. Weil ich dich anerkenne. Du hast für mich keinen Wert, meine andere, weil ich dich liebe. Wenn du stirbst, habe ich keinen Verlust an dir, sondern durch deinen Tod gehen die Werte aller Dinge verloren. Die Dinge haben Wert, weil ich sie tausche. Und ich tausche sie, weil ich mich in dir erkenne. Du, meine andere, bist die wertlose Grundlage aller Werte.

Wir werden, jeder für sich, einsam sterben. Wir werden nicht gemeinsam sterben, denn wir können nicht gemeinsam sterben. Nur »ich« und »du« kann sterben. »Wir« kann nicht sterben. Wir sind unsterblich. Über das Wir hat der Tod jede Macht verloren. Denn der Tod ist nur Richter des unersetzlichen Ich, und er richtet es scharf und richtig. In unserem »Wir« haben wir den Tod überwunden. Komm, laß uns gemeinsam den Tod vernichten. Sag mit mir »wir«, und, obwohl wir jeder für sich einsam sterben werden, sind wir unsterblich. Wohl weiß ich dabei, wie sterblich unser Wir ist. Denn es haften so viele Ich und Du an ihm und zerren es in den Abgrund. Aber ich weiß von keinem anderen Versuch, den Tod zu überwinden. Ich weiß wohl, daß du einsam bist und daß du zum Tod bist. Ich weiß wohl, daß ich einsam bin und daß ich zum Tod bin. Laß uns unser Wir dem Tod ins Antlitz werfen. Come, come, come, come, give me your hand.

7.

Ich liege im Bett, zum Schlaf entschlossen. Entschlossen zum Schlaf seit Ewigkeiten. Ich bin ganz Öffnung hin zum Schlaf. Er aber kam nicht. Seit Ewigkeiten warte ich, und rings um mich erstarrt die Zeit zu Ewigkeiten. Das »nunc stans« der Alten. Die erstarrte Zeit hat den Raum verschluckt, verdaut und vernichtet. Die versumpfte, unendliche Zeit, der Stausee der Zeiten. In diesem Morast erlebe ich die Bedeutung des Wortes »Gnade«.

Ich bin verworfen. Die Gnade des Schlafs ward mir entzogen. Ich habe mich geöffnet, voll Erwartung und Hoffnung, aber der Schlaf kam nicht. Ich bin nicht in Schlaf gefallen. Ist das die Hölle? Verschluckter Raum und Stausee der Zeiten? Der sich weigernde Abgrund, und ich verschlossen trotz meiner Öffnung? Verweigerte Öffnung? Warum bin ich verworfen?

Weil ich bestehe. Ich bestehe auf meinem Bestehen. Ich behaupte mich, ich bin meine Behauptung. Ich behaupte, daß ich bin, und der Schlaf antwortet: So sei denn. Meine Schlaflosigkeit ist meine Behauptung. Und wenn ich mich behaupte, wenn ich bin, dann bin ich eine denkende Sache. Das ist die Schlaflosigkeit: eine denkende Sache ohne ausgedehnte Sachen. Die Hölle. Ein Riesenrad denkender Gedanken. Gedanken, die sich verbinden, und Gedanken, die sich spalten. Gedanken, die rollen, und Gedanken die, lawinenartig, stürzen. Gedanken, die sich gegenseitig begraben. Und all das ohne ausgedehnte Dinge. Ohne Raum und im Stausee der Zeiten. In der ewigen Wiederkehr des Gleichen. Ich versuche, mich zu retten. Ich argumentiere vernünftig mit meinen Gedanken. Ich will ihnen beweisen, daß sie nichts sind. Meine Gedanken behaupten sich, denn sie sind *meine* Gedanken. Sie behaupten sich, weil ich sie behaupte. Sechshundertundvierundsiebzig mal tausendundachtundzwanzig ist wieviel? fragen meine Gedanken. Gleichgültig, wieviel, ist meine Antwort. Ja, ganz gleichgültig, sagen meine konzilianten Gedanken, aber wieviel ist es? Ich rechne, um mich zu befreien. Ich kann aber nicht rechnen. Ich bin müde. Komm, süßer Schlaf, befrei mich vom Rechnen. Du willst nicht? Ich, das behauptete Ich, werde dich schon zu zwingen wissen.

Ich zähle Schafe. Ich simuliere den Schlaf. Ich nehme Pillen. Ich kenne doch schließlich die Technik des Schlafes. Ich kann dich, du rebellisches Instrument, mir schon dienstbar machen. Und tatsächlich: ich schlafe. Ich schlafe endlich. Ich schlafe synthetisch. Ich schlafe mit Absicht. Ich habe die Schlaflosigkeit überwunden. Ich habe die Hölle überwunden. Ich habe den Schlaf erzwungen. Ich habe das Paradies erzwungen.

Sind alle erzwungenen Paradiese so geartet? Synthetisch? Hat jede Technik des Heils, Yoga, Zen, Marxismus, ein solches Paradies zur Folge? Sind sie alle so wie der Schlaf der Pillen und der gezählten Schafe? Also Höllen, die Paradiese simulieren?

Warum ist aber der erzwungene Schlaf ein falscher? Weil er mich einengt. Weil er mir den Zugang zu meinem Ursprung versperrt. Weil er mich auflöst, ohne mich zu erlösen. Weil er mich befreit, ohne mich zu retten. Der falsche Schlaf, und sollte es da nicht auch den falschen Tod geben? Ist vielleicht der Selbstmord ein Tod der Pillen? Das ist die Frage aller Fragen. Die alleräußerste Frage. Denn sollte der Selbstmord nur falscher Tod sein, wie steht es um meine Freiheit? Wie kann ich mich zum Tode entschließen, ohne ihn zu verfälschen? Kann ich mir denn nicht den ersten Anstoß zu ihm geben? Muß ich mich, wie beim Schlaf, auch da nur fallen lassen? Ich bin verworfen.

Ich kann aber ohne Schlaf nicht leben. Ich kann nicht leben, wenn mir der Zugang zu dem mich gründenden Abgrund versagt bleibt. Ich kann nicht, denn ich wurde geboren, ich komme aus dem Abgrund. Der Abgrund ist meine Heimat, ich bin ein abgründiges Wesen, ein schläfriges Wesen. Und ich kann nicht, denn ich werde sterben, ich gehe in den Abgrund. Der Abgrund ist mein Ziel, mein Sinn, meine Utopie, ich bin ein abgründiges Wesen, ein schläfriges Wesen. Wenn sich mir der Schlaf versagt, muß ich ihn wohl zwingen. Schließlich: Was ist denn Kultur, wenn nicht Pillen? Kunst, Wissenschaft, Philosophie, wenn nicht Pillen, die den Schlaf erzwingen? Religion, wenn nicht Simulation des Schlafes? Wir sind schlaflos, wir kultivierten Wesen, denn wir zwingen den Schlaf: wir sind verworfen.

Klar: alles das ist reiner Wahnsinn, in der Schlaflosigkeit ausgeheckt, und es dreht sich wie diese. Es ist eine hoffnungslose Provokation der Gnade. Denn die Hoffnung wurde betrogen. Also müssen wir mit Würde unsere Verworfenheit tragen. Die letzte Entfremdung. Ich kann nicht schlafen, also will ich nicht schlafen. Ich will entweder wachen oder simulieren. Ich behaupte mich und schließe damit den Kreis der Hölle. What's done, cannot be undone.

8.

Ich bin krank, zu Bett. Ich leide Schmerzen. Ich bin Körper. Ich bin ganz hier, im Bett. Meine Schmerzen beweisen, daß ich ganz hier bin. Mein Sein ist ganz konzentriert in meinen Schmerzen. Mein Sein sind meine Schmerzen. Ich bin ganz Körper.

Die Schmerzen isolieren mich, denn sie sind gänzlich privat und unveröffentlichbar. Ich kann sie nicht publizieren. Publizierte Schmerzen, mitgeteilte Schmerzen, sind schon nicht mehr Schmerzen. Sie haben sich schon vergeistigt. Aber Schmerzen, in ihrer totalen Körperlichkeit, lassen es nicht zu, vergeistigt zu werden. Es kann keine Theorie der Schmerzen geben. Man kann sie nicht denken, man muß sie erleiden. Schmerzen sind das eigentliche, das unmittelbare und darum unvermittelbare Erlebnis. Man kann und muß Schmerzen erleben, aber man kann sie nicht denken. Darum kann man sie sich nicht merken. Schmerzen sind sofort vergessen. Sie sind nicht zeitlich, sondern völlig räumlich. Es kann und soll ihrer nicht gedacht werden. Sie sind die letzte Schmach und Schande, denn sie sind privat und deutlich. Sie verdammen mich zu extremem Empirismus. Denn sie sind ekelhaft, und ich bin ekelhaft, der ich Schmerzen leide.

Schmerzen vergegenständlichen mich, denn durch sie übernimmt der Körper die totale Herrschaft über die Sache, die ich wurde. Nur noch der Körper ist von Interesse. Dieser ekelhafte, schmerzende Körper. Die Zeit ist verschwunden. Ich bin eine ausgedehnte Sache. Die Dimensionen des Raums sind meine Schmerzen. Diese Dimensionen sind alles. Ich bin nicht Geschichte, ich bin nicht Kultur, ich bin nicht Denken. Ich bin Ausdehnung, ich bin Natur, ich bin Sache. Ich bin gänzlich objektiv, meinem Empirismus zum Trotz. Nichts an mir ist problematisch. Meine Schmerzen beweisen das Gegenteil des cartesischen Diskurses. Ich leide Schmerzen, darum bin ich. Ich leide Schmerzen, darum denke ich nicht. Ich bin eine ausgedehnte Sache. Oh, ekelhafter Positivismus.

Das Christentum sagt, daß das fleischgewordene Wort die schimpflichen Schmerzen am Holze erlitt und also eine ausgedehnte Sache wurde. Das Christentum sagt, daß Gott sich so ekelhaft objektivierte. So ekelhaft, wie ich jetzt im Bett. Was für ein Gott ist das? Ist es der Abgrund, aus dem ich kam, als ich geboren wurde? Ist es der Abgrund, in den ich falle, wenn ich in Schlaf falle? Ist es der Abgrund, in den ich mit meinem Tode schreite? Ist es der Abgrund hier unter meinem Bett, über dem ich wohne? Ist es der Abgrund, von dem ich weiß, wenn ich »wir« sage? Der Abgrund ist Fleisch geworden und erleidet, in extremem Positivismus, ekelhafte Schmerzen? Also etwas ganz Unabgründiges, etwas, was ekelhafterweise ganz und gar hier ist? Was das Christentum sagt, kann ich nicht glauben.

Oder doch: Ich kann es glauben, wenn ich es umkehre wie einen Handschuh. Dazu kann mir vielleicht meine Erfahrung des Lesens helfen. Im Lesen erleide ich die Änderung durch den anderen. Es ist, als triebe mir der andere Wundmale in meine offenen Hände. Die Stigmata des Lesens sind eine umgekehrte Krankheit. So ist vielleicht der Gott, der ekelhafterweise ganz hier ist mit seinen Schmerzen, eine Antwort auf den Abgrund, der ganz anderswo ist. Eine verneinende Antwort. Eine Antwort, die beweist, was mich meine eigenen Schmerzen lehren: alles ist Unsinn. Wenn ich das Christentum beim Wort nehme, dann kann ich daran glauben. Gott ist tot, und der Beweis dafür sind seine Schmerzen.

Also in diesem Sinn ist meine Krankheit eine Imitatio Christi. Aber das Christentum wird mir sagen, es sei eine Verzerrung Christi. Ich sei, da ich krank bin, ein Affe des Messias. Denn der Messias habe gewählt, Sache zu sein, aber ich bin sie wahllos. Dann ist er also doch nicht Mensch gewesen? Denn wenn ich Krankheit wähle, ist sie nicht mehr Krankheit. Was an der Krankheit entwürdigt, ist ihre Sinnlosigkeit und Wahllosigkeit, ihre Zufälligkeit, und wie sie mich anfällt. Nichts als Schmerzen und dabei kein Rätsel. Hier gibt es kein Geheimnis. Das Argument des Christentums schlägt sich selbst zu Boden.

Und dann, schließlich und zuletzt, muß ich dem Christentum glauben. Denn in der geheimnislosen, rätsellosen, sinnlosen Krankheit bin ich, als Sache, die ich bin, der andere des anderen. Daß ich mir selbst zum Ekel bin, ist der Beweis, daß ich der andere bin und daß mich der andere ändert. Aber das ist ja wohl kaum mehr denkbar. Hier bleibt nichts anderes übrig, als die Schmerzen Schmerzen sein zu lassen. Denn eben daß es kein Geheimnis gibt, ist das Geheime. Also muß ich mich, würdelos, ekelhaft, eine Sache, dahingleiten lassen. What's done, cannot be undone. To bed, to bed, to bed.

9.

Sterbebett, Agonie, hoffnungsloser Kampf, also nur nicht ins Sentimentale verfallen. Die Sache hier im Bett, die mir Gegenstand ist, will absurderweise Sache bleiben. Wie die brüllende Sache. Aber, belustigenderweise, ist es das umgekehrte Nein, das sie ausdrückt.

Das also ist der Tod des anderen. Ein Schmierentheater. Es soll Mitleid und Furcht erwecken. Was es erweckt, ist das Gefühl unserer Ohnmacht. Und des Absurden. Das Theater des Absurden.

Aber Obacht. Hier wird etwas gespielt, hier wird etwas uns

mitgespielt, das nicht ganz an der Oberfläche liegt, aber doch zu sehen ist. Man sieht da irgendwo eine Spalte. Da vor uns ist ein Körper. Das war doch früher ein Mensch, dieser Körper? Wir haben doch miteinander gesprochen, ich und dieser Körper? Was ist damit geschehen, nämlich mit dem, was wir sprachen? Es ist ja wohl in mir aufbewahrt und damit vor diesem Tod da gerettet. Das, was Mensch war an diesem Körper, ist aufgehoben. In mir und in seinen anderen Partnern gegen den Tod, in seinen anderen Mitverschworenen. Das ist doch wohl die Unsterblichkeit dieses Exmenschen hier, daß er in unserer Verschwörung gegen den Tod sich aufhebt. Aber der Körper da vor mir scheint vehement diese Erklärung zu leugnen. Er sagt, er wolle nicht sterben. Warum nicht? Es ist doch alles in der besten Ordnung! Er ist aufgehoben. Das scheint diesen Körper da gar nicht zu interessieren. Er scheint jedes Interesse an seinen Partnern verloren zu haben, wiewohl sie seine Unsterblichkeit sind oder sein sollen.

Anscheinend interessiert sich dieser Körper da nicht für Monumente. Und seien es selbst Monumente zu seinem eigenen Angedenken. Die Unsterblichkeit in der Zeit scheint nichts zu tun zu haben mit diesem Kampf hier im Bett. Angesichts dieses Kampfes ist sie nichts als leeres Gerede. Das Interesse ist ganz woandershin gerichtet. Nämlich auf den Spalt, von dem ich sprach und der nichts mit Zeit, mit Geschichte, mit Kultur, mit der Sprache zu tun hat. Auf das »Transzendente«.

Die Spalte hinter dem Totenbett ist eine ontologische Spalte. Der Körper hier im Bett hat durch diese Spalte bereits sein Menschsein verloren. Und er kämpft agonisch, um sein Körpersein nicht zu verlieren und eine Sache zu werden. Wohin ist das Menschsein dieses Körpers hier durch diese Spalte verschwunden? Und wohin wird das Körpersein verschwinden, bis sich der Kampf entschieden haben wird und das da hier Sache sein wird? Und warum will dieser Körper Körper bleiben?

Mir, dem Betrachter aus ironischer Distanz, scheinen alle diese Fragen etwas mit System, mit Organisation, mit Information zu tun zu haben. Der Tod scheint mir, dem Beobachter, als gradativer Verlust von Information durch die gähnende Spalte. Menschsein heißt komplexes System sein. Körpersein heißt weniger komplexes System sein. Sache sein, heißt weitere Vereinfachung des Systems. Die Leiden des Todes sind Informationsverlust erleiden. Entropie, das ist der Tod für mich als Außenseiter. Für mich ist die gähnende Spalte ganz einfach die Zeit, im Sinne von Vektor nach dem zweiten Prinzip der Thermodynamik. Das heißt, so erscheint mir die Spalte, wenn ich nicht sentimentalisiere. Also ist mir der Tod des anderen ungefähr das Gegenteil des Lesens. Der Tod ist ein Entlernen.

Aber der Körper hier, in seinem Kampf, scheint anderes anzudeuten. Es ist, als ob er von jenseits der Spalte kämpfen würde. So, als ob das Menschsein dieses Körpers hier von außen her diesen Kampf hier leiten würde. Er ist mehr drüben als hüben. Das vielleicht ist der Kampf: ein Kampf um die Unsterblichkeit auf der anderen Seite. Was heißt das? Hat nicht Unamuno gesagt, er wolle Unsterblichkeit gegen alle Vernunft? Und meinte damit die Agonie auf dem Totenbett? Aber das alles ist schließlich der Tod des anderen. Ein Verlust für mich, also etwas ganz anderes als mein Tod, der ja kein Verlust ist.

Wie wird mein Tod sein? Wie werde ich sein, in der Stunde der Einsamkeit? In der Stunde der Auflösung aller menschlichen Würde? Wenn alles Gespräch in Gerede zerfällt, alle Geschichte in bloßes Geschehen, alle Kultur in Pose? Wenn alle Werke zu Schaum verlaufen und alle Werte entwerten? Ist das die Erlösung, von der mir die Religionen erzählen?

Ich kann meine Geburt nicht erleben. Sie ist »vergangen«. Ich kann meinen Tod nicht erleben. Er »kommt zu« mir. Aber die Vergangenheit entwirft mich und die Zukunft ist Sinn des Entwurfes. In meinen Eingeweiden fühle ich meine Geburt als Entwurf und meinen Tod als Ziel. Ich bin Geburt und Tod, und sie sind mir immer gegenwärtig. In diesem Sinn erlebe ich eigentlich immer nur Geburt und Tod, die beiden Seiten aller meiner Gegenwarten. Eigentlich weiß ich nur von Geburt und Tod, und alles andere ist Gerede. Gerede, um die Geburt zu vergessen und den Tod zu verschweigen. Die Geburt ist meine einzige Grundlage, und der Tod ist mein einziges Thema. Der Tod als Abgrund unter meiner Wohnung. Der Tod hier unter meinen Füßen, und nicht jener andere »Tod« hier vor mir auf dem Totenbett. Ich kenne diesen meinen Tod sehr genau, denn ich habe täglich und stündlich intimen Verkehr mit ihm, wann immer ich mich auf mich selbst besinne. Ich kam aus ihm, er ist in mir, er ruft mich immer.

Gleichgültig, wie ich sein werde in der Stunde des Todes. Jetzt und hier ist meine Stunde des Todes. Der agonische Körper dort spielt nicht die Vorstellung meines Todes. Mein Tod bin ich, und alles, was ich tue, ist die Vorstellung meines Todes. Was getan ist, kann nicht ungetan werden. Was ich tat, kann ich nicht ungetan machen. Was ich tat, in der Schlaflosigkeit des Schläfrigen, kann nicht ungetan werden. Was ich tat, war eine Vorstellung meines Todes. Aber eben darum war es eine Verneinung des Todes. Es stellt sich jetzt vor meinen Tod, da es ihn vorstellt. Was ich tat, ist meine Behauptung angesichts des Todes. Es ist ein Trotz dem Tode. In diesem Sinn ist, was ich tat, ich, und es ist mehr ich als mein Sterben. Ich bin ich, wenn ich in Vorstellung meines Todes tue. Ich kann nicht ungetan werden. Und es gibt meinen Tod nicht, in diesem Sinne.

Der Tod ist hier und jetzt, und ich stehe ihm offen. Er komme. Er führe mich ins Jenseits aller Modelle. Aber was ich tat, was ich modelte, das hat nichts zu tun mit dem Tode, obwohl es ihn vorstellt. Was ich tat, kann nicht ungetan werden. Das ist meine Würde. What's done, cannot be undone. To bed, to bed, to bed.

Teppiche

Die Höhle, die Gebärmutter der Berge, ist unsere Wohnung. So hoch, so funktionell, so offen sie auch sein mögen, unsere Gebäude sind und bleiben dennoch Höhlenimitationen. Je gemütlicher unsere Räume, desto höhlenähnlicher. Dieses unser Troglodytentum wird einerseits von der Geschichte und andererseits von der Tiefenpsychologie bestätigt. Aber ist die Höhle tatsächlich das ursprüngliche Habitat des Menschen? Die Antwort hängt von der Bedeutung ab, die wir dem Wort »Ursprung« geben. Der Höhlenmensch ist ein Abkömmling von Nestbewohnern. Die Höhle ist nur ein Schritt auf dem Weg vom Nest in Richtung des werdenden Menschen. Weil Ursprung bei Menschen etwas anderes meint als zum Beispiel bei Pferden. Es gibt tatsächlich ein ursprüngliches Pferd, den Eohippus, aber keinen tatsächlich ursprünglichen Menschen. Weder Nest (Zelt) noch Höhle (Haus) sind natürliche menschliche Wohnung. Nichts Menschliches ist natürlich. Was an uns natürlich ist, ist unmenschlich. Dennoch: Nest und Höhle, obwohl beide menschlich, sind Gegensätze.

Die Dialektik zwischen Nest und Höhle, zwischen Steppe und Fluß, zwischen Hirt und Bauer, zwischen Zelt und Haus steht hier zur Frage an. Nämlich der Teppich. Er ist für die Zeltkultur, was die Architektur für die Hauskultur ist. Aber er ist aus dem Zelt über die Steppe durch ein offenes Fenster in unsere Wohnungen geflogen. Jetzt sind unsere Fußböden Unterlagen für Teppiche geworden. Und Teppiche sind zu Vorwänden geworden.

Die ersten uns bekannten Teppiche erscheinen im Ägypten des 16. Jahrhunderts v. Chr. als Beiträge der asiatischen Steppe zur großartigen Architektur des Flusses. Die Teppiche triumphieren an den Gestaden der großen Flüsse Chinas und Indiens, von Dschinghis und Kublai aus Mongolien hingetragen. Das großpersische Timuridenreich kann als Synthese des Zweistromlands, der zentralasiatischen Steppe und des Pamir angesehen werden. Einer von unserer Geschichtsphilosophie nicht genügend gewürdigten Synthese.

Die herrlichen perowianischen Teppiche seien hier nicht besprochen, weil sie, wie alles Präkolumbianische, unsere Kategorien verwirren.

Die gotische Teppichkunst ist ein entferntes Wetterleuchten des Wüstensturms, der, aus der russischen Steppe und aus der saharischen Wüste kommend, die feudalen Burgen bedroht, um auf ihre Wände seine Schatten zu werfen. Die Gobelins des 18. Jahrhunderts sind durch die Fugen der brüchig werdenden westlichen Schlösser als Boten Persiens und Chinas eingedrungen: Als letzte Reste des abenteuerlichen Windgefeges über Tundra und Taiga flüstern sie jetzt gezähmt an den Rokokowänden des untergehenden französischen Adels. Und wenn das stimmt, wenn unsere Teppiche allesamt rasende Stürme sind, die sich zu uns durch Mauerfugen eingeschlichen haben, um uns zu umlispeln, wie ist dann jene Teppichrenaissance zu deuten, die wir in sogenannten Kunstausstellungen sehen? Denn wenn dies stimmt, dann sind ja die Teppiche nicht nur Boten, sondern auch Vorboten eines Sturms. Die ägyptischen Teppiche sind nicht nur Zeugen der sinaischen Wirbelstürme, sondern auch Echnatons. Die gotischen Teppiche sind nicht nur Zeugen der seldschukischen Horden, sondern auch Simone Martinis und sogar Luthers. Die Gobelins sind nicht nur Zeugen der dreißigjährigen Glaubenskämpfe, sondern auch der Französischen und Industriellen Revolutionen. Wovon legen die heutigen Teppiche Zeugnis ab? Welche Stürme bringen sie und entwerfen sie gegen unsere Wände, um welche herannahenden Wirbel anzukündigen?

Die Antwort liegt in den Teppichen selbst verborgen. Sie sind Gewebe, bei welchen der Schuß die Kette verbirgt und sie zudeckt. In einem gut geknüpften Wollteppich wird die Tatsache, daß seine Kette nichts als ordinärer Bindfaden ist, dank nobler Wollknoten verborgen. Die Einstellung des Teppichknüpfers ist der des Webers von Stoffen entgegengesetzt. Unsere Kleider sind Folgen eines Schusses, der die Kette nicht leugnet, sondern zur Oberfläche emporhebt. Teppiche hingegen sind Folgen eines seine eigene Kette verneinenden und verbergenden Knüpfens. Diese Schilderung der Technik des Webens und Knüpfens will die verschwörerische, ja lügnerische Stimmung der Sache zu Worte kommen lassen. Die Teppichknüpferei ist ein Engagement der Oberfläche gegen die Kette, gegen ihre eigene Stütze. Darum greift der Teppichmacher zu vorher exakt ausgearbeiteten Entwürfen, die sich der Tatsache, daß sie nur Vorwände sind, völlig bewußt sind. Die auf Papier und anderem wegzuwerfenden Material in jedem Detail vorgezeichneten Teppichmuster, die während des Teppichknüpfens befolgt werden, sind Kunstwerke, die auf ihr eigenes Weggeworfenwerden absehen. Es kann keine spontane Geste im Teppichmachen geben. Jeder einzelne Knoten ist im vorhinein ausgeklügelt worden. Das Knüpfen selbst ist kein fließender, sondern ein hüpfender Vorgang, wobei jeder Sprung in einem provisorischen Mosaik vorausgesehen wurde. So können zum Beispiel die grünen, dann die gelben, dann die roten und dann die blauen Knoten in dieser Farbreihenfolge auf die Kette geknüpft werden, und die vorausgesehene Form wird erst nach Vollendung des Hüpfvorgangs sichtbar. Der statische Eindruck, den Teppiche erwecken, ist eine Lüge: Er ist Folge einer hüpfenden, scheinbar aleatorischen Technik, die ihrerseits von einem statischen Entwurf gestützt wird.

Der Versuch, sich in den Teppichknüpfer einzuleben, muß scheitern. Seine Praxis wird von Psychologen heute als Psychotherapie empfohlen, aber die Empfehlung ist zweifelhaft. Zwar scheint der Teppichknüpfer mit seinen Fingern Wollfäden und Webstile zu manipulieren, aber er tut es auf paradoxe Weise. Er greift in die Materie ein, um einem ihm vorgesetzten Entwurf zu folgen und diesen Entwurf so erscheinen zu lassen, um Materie zuzudecken. Der Teppichknüpfer will die von ihm bearbeitete Sache nicht erkennen, sondern verdecken. Er will den Schein, und das meint wohl nicht nur Schönheit, sondern auch Falschheit. Er will dank Schönheit die Wahrheit verdecken. Er ist engagiert, die Schopenhauersche Welt als Vorstellung gegen dessen Welt als Wille zu stellen. Kurz, den Teppich vor die Wand zu hängen.

Aus dieser Befragung des Teppichs kann die Antwort auf die Frage: »Woher kommt er angeweht, und wohin weht er uns?« quillen. Er weht uns kalt aus jenen Gegenden an, wo die Wahrheit in Frage gestellt wurde. Und er weht in jene Gefilde, worin Schönheit und Schein die Tatsache verbergen, daß wir die Wahrheit verloren haben. Teppiche werden an Wände gehängt, um Wandschäden zu verbergen. Das ist nicht eine der schlechtesten Beschreibungen der gegenwärtigen kulturellen Lage.

Mein Atlas

Als der Atlas noch Buch war, lief die Welt zwischen den Fingern. Mein Großvater pflegte davon mit Wehmut zu erzählen. Er besaß einst zwei derartige Buchatlanten. Der eine befand sich auf seinem »Schreibtisch«. Das Wort bedeutete damals einen Tisch, auf dem sich mit Buchstaben zu bedeckende Papiere befanden. Der zweite Atlas befand sich damals unter »Drucksachen« genannten Dingen. Dieses Wort meinte mechanisch eingeschwärzte Blätter. Mein Großvater bediente sich der beiden Atlanten zu unterschiedlichen Zwecken. Das Wort »bedienen« meinte damals Druckabrufung. Der erste Atlas diente der Arbeit. Der zweite der Beschaulichkeit. Mein Großvater war »Schriftsteller«; das bedeutete damals Textprozessor. Der erste Atlas diente ihm zur Lokalisierung des zu beschreibenden Geschehens. Der zweite diente dem Gewinnen einer Übersicht über alles Geschehen. Somit konnte er, dank der beiden Atlanten, zugleich in die Welt eintauchen, um aus ihr wieder aufzutauchen.

Aber mein Großvater mußte gestehen, daß schon zu seiner Zeit die Vertrauenskrise begonnen hatte, an allen Atlanten zu nagen. Die Mercatorprojektion aus dem Jahre 1569 war nicht mehr glaubhaft. Denn sie verzerrte die Länderportionen. Daher hatte Winkel schon im Jahre 1913 eine weniger entstellende Projektion vorgeschlagen. Zum Beispiel war dort Lateinamerika nicht mehr kleiner als Grönland. Aber der für die höhere Treue zu zahlende Preis war teuer. Die Mercatorprojektion war traditionell geheiligt. Bei Winkel neigt sich

Nordamerika über Europa und das entspricht nicht unserem traditionellen Geographieverständnis. Darum schlug im Jahre 1977 Peters eine umgekehrte Strategie vor. Er machte ebenso verzerrende Projektionen wie vorher Mercator, aber sie kompensierten einander. Bei Peters wurden aus Afrika und Südamerika lang ausgestreckte Zungen. Dafür ist Asien zu einem Tintenklecks geworden. So haben die aufeinander folgenden Projektionen die Erdoberfläche immer ungeheuerlich gestaltet. Aber die Leute nahmen das nicht zur Kenntnis. Sie meinten, es gehe um das technische Problem, wie eine Kugeloberfläche auf eine ebene Fläche zu übertragen sei. Es scheint unglaublich, aber damals glaubten die Leute, daß man, wenn man von Europa nach Amerika fährt, über den Atlantik fahren muß, statt über den Nordpol zu fliegen.

Mein Großvater erzählte, wie sich gegen Ende des 20. Jahrhunderts diese Atlantennaivität zerstreute. Es wurde deutlich, daß das Problem nicht technisch war, sondern semantisch. Atlanten verloren den sie stützenden Konsens und begannen, in verschiedene Richtungen zugleich zu explodieren.

In der einen wurde sie farbig. Das Meer hörte auf, eintönig blau zu sein, und verschiedene Blautöne begannen das Relief des Meerbodens wiederzugeben. Das britische Imperium hörte auf, eintönig rot zu sein, und die Kontinente begannen, grün, gelb, braun und grau zu werden, um Berge und Täler, Wälder und Wüsten darzustellen. Man mußte den Farbcode der Atlanten gelernt haben, um sie entziffern zu können. Hinzu kam die lästige Tatsache, daß immer mehr Länder unabhängig wurden und jedes nach einer eigenen Farbe verlangte. Dies führte zur absurden Notwendigkeit, eine neue Einbildungskraft ins Werk zu setzen. Das geistige Auge mußte politische über geographische Landkarten legen, um dem Farbchaos zu entgehen.

In einer anderen Richtung begannen Atlanten zu zoomen. Auf die Karte der Vereinigten Staaten folgte jene des Staates New York, jene von Manhattan, jene vom Central Park und jene der sich dort befindenden Teiche. Das hatte eine überraschende Folge. Man konnte Atlanten nicht mehr durchblättern, sondern mußte den Seitenzahlen folgen. Zum Beispiel konnte man nicht aus den Vereinigten Staaten in einen Teich im Central Park springen, sondern mußte den Staat New York überqueren. Und dabei kam die Krise der Zeichen und Symbole deutlich ins Bewußtsein. Derselbe Strich, der in den Vereinigten Staaten »Fluß« bedeutet, meint im Central Park »Fußweg«. Die Folge war, daß man an Atlanten nicht mehr glaubte. Man las sie nicht mehr wie Darstellungen der Erdoberfläche, sondern wie Symbolkontexte. Eine dritte Richtung der Explosion war Kartenüberdeckung. Zum Beispiel zeichnete man Frankreich in China hinein, um die relativen Größenordnungen anschaulich zu machen. Sosehr dadurch französische Betrachter anders als chinesische angesprochen wurden, so sehr wurde beiden dabei deutlich, daß die Landkarten nicht der Erdoberfläche, sondern der Filmtechnik ihren Ursprung verdankten. In einer weiteren Richtung explodierte die Geschichte in die Geographie, und es entstanden historische Atlanten. Eine Reihe von Italienkarten begann mit der Aufzeichnung des Einbruchs der Italer in die Halbinsel und endete mit der Aufzeichnung der Verwaltungsbezirke der italienischen Republik am Ende des 20. Jahrhunderts. Das erforderte umstürzlerische Landkartensymbole. Zum Beispiel Zeichen für »Kloster«, »Schlacht«, »Arbeiteraufstand«. Die Absicht war, die Geschichte auf der Geographie zu entwerfen. Das Resultat war das Gegenteil der Absicht. Wer den Code solcher Karten entzifferte, stand nicht mehr innerhalb der Geschichte, sondern ihr gegenüber. Er konnte in der Geschichte blättern und sie als Code erkennen. Die Nachgeschichte hatte begonnen.

Mein Großvater sagte, er hätte Schwierigkeiten gehabt, dies einzusehen. Er blätterte in diesen Atlanten und merkte dabei, wie die Geschichte begann, blätterbar zu werden, anstatt zu fließen. Sie sah jetzt aus wie ein schlecht projizierter Film: Vorgänge begannen sich in hüpfende Szenen aufzubröckeln. Dadurch kam er auf die Idee, die Blätter aus den Atlanten zu reißen und mit ihnen wie mit Spielkarten zu spielen. Er mischte zum Beispiel die Karten so, daß das mittelalterliche Italien zwischen Frankreich zur Zeit Galliens und daß Griechenland zur Zeit der Perserkriege steckte. Kurz, er begann Geschichte zu spielen.

Das war aber erst der Anfang der Sache. Man versuchte zum Beispiel, historische Karten von Nigeria herzustellen, um den Eurozentrismus zu bekämpfen. Der Effekt war geradezu komisch. Es stellte sich nämlich dabei heraus, daß alle historischen Karten von außereuropäischen Ländern derart symbolarm waren, daß sie aus lauter weißen Flecken bestanden. Das konnte man sich so wegerklären, daß man auf den europäischen Ursprung aller Karten hinwies. Das war keine gute Erklärung, weil ja damit offenblieb, warum Nigerianer in der Vergangenheit keine Atlanten erzeugten.

Eine andere Richtung der Explosion bildeten die sogenannten enzyklopädischen Atlanten. Dort zeigten die Landkarten Strukturen, wie etwa jene der Verteilung der Menschheit über die Erde. Sie wurden nicht mehr in Kilometern, sondern nach Einwohnerzahlen entworfen. Somit bedeckte China ein Viertel der Erdoberfläche, und Indien war dreimal größer als die Vereinigten Staaten. Der Farbcode gewann dort eine neue Bedeutung. Grün meinte Nullwachstum, und je brauner, desto demographisch explosiver. Mein Großvater erzählte, wie ihn solche Atlanten mit Entsetzen erfüllten: Er sah dort, wie sich der Süden anschickte, den Norden zu verschlucken. Noch schrecklicher waren die ökonomischen, militärischen oder technologischen Karten. Mein Großvater sah darin, wo sich Hungersnöte vorbereiteten, wo Kriege knapp vor dem Ausbruch standen und wo religiöse Konflikte schwelten. Der Effekt war ein Abstand von den Ereignissen, ein sich Herausziehen aus ihnen. Der Effekt war der Tod des Humanismus.

Eine neue Einbildungskraft kam auf. Nicht mehr Mensch unter Menschen, sondern Mensch, der andere kodifiziert, um sie zu Inhalten von Atlanten zu machen.

Mein Großvater erzählte, wie ihn angesichts der neuen Atlanten Begeisterung und Furcht zugleich übermannten. Furcht, weil man immer mehr Codes lernen mußte, um sich in den Atlanten und daher in der Welt orientieren zu können, und fürchten mußte, dank Überkodifizierung in ein Chaos zu stürzen. Und Begeisterung, da die Atlanten zeigten, wie die neue farbige Einbildungskraft die graue Eintönigkeit des historischen und geographischen Denkens überholte.

Und hier machte mein Großvater ein eigenartiges Geständnis: Er liebte zwar die farbigen, entblätterbaren, spielerisch neuen Atlanten, denn sie waren ihm Fenster ins 21. Jahrhundert. Aber wenn er sich orientieren wollte, dann griff er, wenn auch verschämt, zum alten Mercator.

Diese Unterhaltungen mit meinem Großvater erquicken mich, wenn ich meinen eigenen Atlas manipuliere. Ich drücke auf einen Knopf, und auf meinem Schirm erscheint der Central Park aus verschiedenen Blickwinkeln zu allen vier Jahreszeiten. Ich drücke auf die Frühlingstaste und sehe Kirschblüten. Ich drücke auf die Botaniktaste, und die vergrößerte Kirschblüte kommt zum Vorschein. Ich drücke auf die holographische Taste, und der blühende Kirschbaum steht vor meinem Lehnstuhl. Ich steige erneut ins Menue, und es erscheint der Central Park im 17. Jahrhundert. Eine Dame schreitet den Fußpfad entlang und hat einen eigenartigen Hut auf ihrer Perücke. Ich drücke auf die entsprechende Taste und sehe die Werkstatt, in der der Hut hergestellt wurde. Ich verfolge das Modell des Hutes zurück ins 15. und voraus ins 26. Jahrhundert, und damit ist mein Atlas in Sachen Central Park erst angeblättert worden.

Meine eigene Einbildungskraft übersteigt die meines Großvaters in Breite und Tiefe. Zum Beispiel kann ich von mir frei erfundene Kirschblüten, Damen, Damenhüte und auch noch nie Dagewesenes in den Central Park entwerfen. Dadurch wird mein Central Park nicht nur interessanter als jener, den mein Großvater in seinen Atlanten sah, sondern auch interessanter als alle jene Central Parks, in denen die Bewohner von Manhattan spazierenzugehen glauben. Das Verhältnis zwischen Atlas und Central Park hat sich ins Gegenteil gewendet. Nicht der Atlas stellt den Central Park dar, sondern der Central Park meinen Atlas. Für mich zumindest ist mein Atlas wirklicher als alle Räume und Zeiten dort draußen. Woher kommt es, daß ich dabei einen bitteren Nachgeschmack auf der Zunge spüre? Wie schön muß es gewesen sein, als die Atlanten noch Bücher waren.

Der Hebel

Wer einen Stützpunkt gefunden hat, der kann die Welt aus den Fugen heben. Das ist das Prinzip des Hebels, und darauf ist nicht erst Archimedes, sondern spätestens sein Vorläufer im Neandertal gekommen. Und der vorliegende Aufsatz hat vor, das zu bedenken. Man könnte glauben, dies sei ein erhebendes Vorhaben und es könne zum Erhabenen führen, und schon das Wort Hebel scheint dies anzudeuten. Leider ist diese Erwartung sofort zu dementieren. Der Hebel ist nämlich eine sogenannte einfache Maschine; wer sich damit befaßt, hat es mit Mechanik zu tun, und das ist bekanntlich nicht nobel. Dies erfordert, das Motiv zu diesem Aufsatz zu gestehen: daß man nämlich vom Hebel her die ganze Menschheitsgeschichte aufzurollen versuchen kann. Das ist zwar keine erhebende, aber eine interessante Geschichte, und es ist darin zwar wenig vom Erhabenen, wohl aber viel von Niedertracht und Empörung die Rede. Dieser Aufsatz wird geschrieben, um zu sehen, was herauskommt, wenn man den Hebel als eine Maschine zum Empören aus der Niedertracht, also als eine Maschine zur Menschwerdung ansieht.

Der Hebel ist eine Maschine. Das Wort Maschine (ebenso wie das Wort Mechanik) entstammt dem griechischen *mechanikē*, das etwa »listige Vorrichtung« bedeutet. Das Wort Machination zeigt, was gemeint ist. Nämlich zum Beispiel das Trojanische Pferd, also eine Falle, in welche die Trojaner hineinfallen sollten. Ulysses, der Erfinder des Pferdes, heißt *polymechanikos*, was mit »der Listenreiche« übersetzt wird. Demzufolge ist die Mechanik eine Strategie zum Überlisten. Wenn man den Hebel ansieht, dann kann man sehen, was die Mechanik überlistet. Nämlich die Schwere der Körper. Das erinnert an orientalische Kampfstrategien wie etwa im Judo: Dort wird versucht, die Kraft des Feindes gegen diesen einzusetzen. Die Mechanik wendet die Gesetze der physikalischen Natur listigerweise so um, damit sie die Natur überwinden möge. Wer ein mechanistisches Weltbild hat, der blinzelt listig.

Hier auf Erden (wo wir bis auf Widerruf wohnen) sind alle

Körper schwer, auch die menschlichen Körper. Sie trachten nämlich alle, zum Mittelpunkt der Erde niederzukommen. Himmelskörper scheinen nicht derart niederträchtig zu sein, sondern ewige noble Bahnen zu ziehen. Aber seit Newton wissen wir, daß die Himmelskörper genauso hinfällig sind wie alle anderen. Wir wissen, daß der Planet Erde eines schönen (oder unschönen) Tages auf die Sonne fallen wird, ebenso wie der Apfel auf Newton. Es ist Newton gelungen, die himmlische mit der irdischen Mechanik zu vereinen. Damit hat er die Erde und alle irdischen Körper in Himmelskörper verwandelt. Es ist seither unnötig, sich an einem Himmelreich auf Erden zu engagieren: Newton hat es schon eingerichtet. Nur eben: auch im Himmel (wie auf Erden) ist alles niederträchtig. Alles muß zufällig einmal fallen.

Wittgenstein teilt diesen mechanistischen Standpunkt. Er meint, die Welt sei alles, was der Fall ist. Er meint demnach implizit (wie der Neandertaler, Archimedes und Newton), man könnte die Welt aus den Fugen heben. Nur vergißt Wittgenstein, daß wir zwischen verschiedenen Sorten von Fällen unterscheiden müssen. Der Fall der Erde auf die Sonne ist eine andere Sorte von Fall als der Fall des Apfels auf Newton. Man kann den ersten Fall einen notwendig werdenden Zufall, den zweiten einen unangenehmen Unfall nennen, wobei hinzuzufügen wäre, daß der Unfall zu einem genialen Einfall geführt hat. Und der Fall Mensch scheint wiederum einer ganz anderen Sorte von Fällen zugezählt werden zu müssen. Laut jüdisch-christlicher Tradition ist dabei von einem Sündenfall zu sprechen, und auch Platon meint, wir seien aus dem Reich der Ideen heruntergefallene Wesen. Hier drängt sich der Einwand auf, es werde mit dem Wort Fall Unfug getrieben. Der Fall der Sonne und des Apfels seien buchstäbliche Fälle, aber bei Zufall, Einfall und Sündenfall gehe es um Metaphern. Anders gesagt: die Mechanik sei zuständig für die Sonne und den Apfel, aber nicht für Einfälle und Sünden. Das klingt plausibel, ist aber nicht so einfach. Es gibt schachspielende künstliche Intelligenzen, die beim Spiel bessere Einfälle haben als der Autor dieses Artikels. Also sind Einfälle mechanisierbar. Und man kann sich Roboter vorstellen, die dank technischem Fortschritt sündhaft werden können. Die zuerst wohl einfache Sünden wie Stehlen oder Lügen, später vielleicht sogar Sünden wider den Geist begehen können. Ob also das Wort Fall buchstäblich oder metaphorisch angewandt werde, es bleibt dennoch gültig, daß die Mechanik für alle Fälle kompetent ist und daß der Hebel die ganze Welt aus den Fugen heben kann, wenn wir nur einen Stützpunkt für ihn finden.

Dieser Aufsatz hat sich vorgenommen, verbissen im Mechanischen zu verharren. Also wird er den Fall Mensch nicht als einen Sündenfall, sondern etwas buchstäblicher als einen Fall aus Baumkronen auf eine ostafrikanische Steppe vor etwa zwei Millionen Jahren betrachten. Das ist etwa so vorzustellen: In den Baumkronen Ostafrikas tummeln sich Menschenaffen. Das sind zwar schwere, also niederträchtige Körper, aber sie überwinden ihre Niedertracht, weil sie sich an den Baumzweigen festhalten und akrobatisch von Baum zu Baum schwingen. Dann, vor zwei Millionen Jahren, wird es »täglich kälter« (um mit Nietzsche zu sprechen), die Bäume werden rarer und die Zwischenräume zwischen ihnen immer größer. Es ist kein komplizierter Wahrscheinlichkeitskalkül nötig, um auszurechnen, daß die sich von Baum zu Baum schwingenden akrobatischen Anthropoiden immer öfter hinfallen werden. Der Unfall beim Springen wird zu einem immer notwendiger werdenden Zufall. Und diese Serie von mißlungenen Sprüngen ist der Ursprung der Menschheit.

Demnach sind wir niederträchtige, tief heruntergekommene Affen, ein schwerer Fall von Affe. Und obwohl dies eine geradezu lästerliche Vereinfachung des Falles Mensch ist, klingt es nach Auschwitz ziemlich plausibel. Aber damit ist ja die Geschichte der Menschheit noch nicht beendet. Zwar haben sich die meisten von uns damals vor zwei Millionen Jahren beim Fallen wahrscheinlich das Rückgrat gebrochen, aber wir selbst sind Beweis dafür, daß einige das überlebten. Wir müssen uns vorzustellen versuchen, wie das mit dem Überleben der Tauglichsten *(survival of the fittest)* wohl vor sich ging.

Als erstes müssen wir vor Augen haben, daß die gefallenen Anthropoiden selten Sonderfälle waren. Es hat nie von Menschwerdenden geprasselt, wie etwa beim Hagel, und die

Menschwerdung ist nicht als ein Niederschlag zu betrachten. Dennoch muß der Aufprall eines so schweren Körpers wie des menschlichen auf die Steppe so gewaltig gewesen sein, daß das ganze Ökosystem davon bebte. Vielleicht ist in den Warnrufen der Grünen noch immer der Nachklang dieses Aufpralls zu hören, wie der Nachhall des Big bang als Hintergrundgeräusch im Universum. Jetzt, wo es sechs Milliarden von Überlebenden gibt, ist die Seltenheit von damals kaum noch miterlebbar. Jeder einzelne damals muß ein gewaltiger Sonderfall gewesen sein und in der Steppe einen enormen Eindruck hinterlassen haben. So ein gewaltiger Sonderfall muß den Hebel erfunden haben. Jetzt, da wir zu Hunderten von Tausenden auf Marktplätzen stehen, die Arme mit offenen Handflächen oder Fäusten gegen den Himmel heben und brüllen, und da jedes Pferd mit einem Polizisten darauf hervorragender ist als die ganze brüllende Herde, jetzt können wir die Genialität der Hebelerfindung nicht mehr miterleben. Wir, die wir inflatorisch entwertet sind, sind einer Würdigung der Hebelerfindung nicht mehr fähig.

Als zweites ist die damalige Lage des Gefallenen zu bedenken. Er lag auf dem Rücken und strampelte wie ein Maikäfer und nicht wie ein neugeborenes Baby. Denn über dem neugeborenen Baby schweben transzendente Elternhände, und sie helfen dem Gefallenen, sich langsam, über Monate und Jahre, aufzurichten und »Homo erectus« zu werden. Über dem Urmenschen jedoch schweben die akrobatischen Affen, und die Affenliebe beschränkt sich darauf, dem Gefallenen anzudeuten, er möge sich gefälligst selbst aus der Klemme helfen. Im Unterschied zum Maikäfer jedoch strampelt der gefallene Menschwerdende nicht mit sechs Beinchen, sondern mit Armen und Beinen, und an jedem der beiden Arme sitzt eine eigenartige fünfbeinige Spinne. Diese beiden Spinnen fingerten in der Umgebung des Gefallenen umher, befingerten, betasteten, griffen hin und her, begriffen irgend etwas (zum Beispiel einen Stock), wendeten den begriffenen Stock hin und her, wendeten ihn um, wendeten ihn an und verwendeten ihn als Hebel, um sich daran aus ihrer Lage zu erheben. Mit dieser phänomenologischen Beschreibung der Hände und der Handlung allerdings ist die ganze

Menschheitsgeschichte, alle Wissenschaft und Technik, alle Kunst, alle Kultur, vielleicht auch alles Werten im Kern beschrieben, und alles andere sind Kommentare.

Die Grenzen, die einem Aufsatz wie diesem gesetzt sind, erlauben keine Kommentare und zwingen, sich bei der Beschreibung der Menschheitsgeschichte auf den Kern zu beschränken. Aufs Begreifen des Stocks als Hebel. Der tief heruntergekommene, schwer an seinem schweren Körper leidende Affe hat begriffen, daß er sich aus seiner niederträchtigen Lage empören kann, wenn er Maschinen wie Hebel baut, um sich an ihnen wie an Krücken emporzuheben. Er hat begriffen, daß es möglich ist, seine niederträchtige Körperlichkeit dank einem anderen Körper wie jenem des Stocks zu überlisten. Menschwerdung ist dieses Begriffenhaben, daß man seine eigene Körperlichkeit überlisten kann, sich daraus empören kann, um dann nicht nur sich selbst, sondern die ganze Welt aus den Fugen zu heben.

Betrachtet man nun anhand einer solchen mechanischen Sicht auf die Menschheitsgeschichte, was tatsächlich geschehen ist, dann kann man verzweifeln. Denn tatsächlich sieht man dann eine Serie von gescheiterten Versuchen, sich an Hebeln emporzuheben. Die Leute setzen immer wieder an, bauen immer perfektere Hebel, Kräne und andere Erhebungsmaschinen, und je höher sie steigen, desto niederträchtiger stürzen sie zu Boden. Unser Jahrhundert ist Zeuge einiger besonders beeindruckender Stürze. Daraus läßt sich einerseits schließen, daß alle Revolutionen technische Revolutionen sind, denn es geht jedesmal darum, nach einem Sturz neue Maschinen zu bauen. Und andererseits läßt sich daraus schließen, daß irgend etwas grundsätzlich am technischen Fortschritt, am Fortschritt überhaupt, an der Geschichte, am Menschen überhaupt, falsch ist. Denn wir liegen ja noch immer niederträchtigerweise strampelnd am Boden, und wir sind seit der ostafrikanischen Steppe, dem Neandertal und Archimedes nicht weitergekommen.

Das liegt am Hebel. Es nützt nichts, sich aus der Niedertracht empören zu wollen und einen Hebel zu bauen, wenn man nicht vorher einen Stützpunkt gefunden hat, auf den der Hebel zu setzen ist. So ein Stützpunkt jedoch kann nicht selbst in der Kompetenz der Mechanik liegen. Denn jede Maschine, und jede listige mechanische Strategie, setzt voraus, daß es so etwas gibt wie diesen Stützpunkt. Der Stützpunkt ist transmechanisch. Und das ist das etwas melancholische Ende dieser Hebel-Überlegung. Wenn man so etwas wie einen Aufsatz schreibt, um zu sehen, was herauskommt, wenn man zum Menschen einen mechanischen Standpunkt einnimmt, dann kommt man auf transmechanische Voraussetzungen. Wahrscheinlich gilt dies für alle Versuche, eine Anthropologie nach Auschwitz zu schreiben. Man stößt bei allem schließlich gegen etwas Transzendentes, worauf man sich nicht stützen kann, weil es versagt hat. Und dennoch: Man muß sich gegen die Niedertracht empören, auch ohne jeden Stützpunkt. Diesem Dennoch ist dieser Aufsatz gewidmet.

Räder

Eine der dauerhafteren Folgen des Nazismus ist die Verkitschung des Hakenkreuzes. Keine geringe Leistung, denn das Zeichen sitzt tief im menschlichen Bewußtsein. So tief, daß der Atlantik im Vergleich dazu seicht ist: Die Swastika sieht bei Kelten und Azteken ungefähr gleich aus. Dieser Aufsatz wird versuchen, dieses Zeichen zu bedenken, aber vorher ist eine methodologische Bemerkung angebracht.

Man kann die Dinge mindestens auf zweierlei Weise ansehen: beobachtend und lesend. Beobachtet man die Dinge, dann sieht man sie als Phänomene. Im Fall des Hakenkreuzes zum Beispiel sieht man dann zwei einander kreuzende Balken, und an den Balkenenden sieht man Haken. Liest man die Dinge, dann setzt man voraus, daß sie etwas bedeuten, und versucht, diese Bedeutung zu entziffern. (Solange man die Welt als ein Buch ansah, »natura libellum«, und solange man sie zu entziffern versuchte, so lange war eine voraussetzungslose Naturwissenschaft unmöglich. Und seit man die Welt beobachtet, statt sie zu lesen, ist sie bedeutungslos geworden.) Geht man nun an das Hakenkreuz lesend heran, dann sieht man vier von einer Nabe ausstrahlende Speichen, die sich im Sinn der Haken drehen, und die Haken beginnen, einen Kreisumfang zu beschreiben. Unter dem lesenden Blick kommt das Zeichen zu Wort, und es sagt: Ich bin das Sonnenrad, und ich strahle.

Hier ist das Motiv zu diesem Aufsatz zu gestehen: Betrachtet man die nachindustrielle Lage, dann ist man vom langsamen, aber unaufhaltsamen Verschwinden der Räder beeindruckt. In den elektronischen Apparaten ticken sie nicht mehr. Wer vorwärtskommen will, setzt sich nicht mehr auf Räder, sondern auf Flügel, und wenn einmal die Biotechnik die Mechanik überholt haben wird, dann werden die Maschinen keine Räder mehr, sondern Finger, Beine und Geschlechtsorgane haben. Vielleicht ist das Rad eben dabei, zu einem Kreis, und damit zu einer unter vielen ebenbürtigen Kurven zu werden. Bevor so eine Rad-Dekadenz überhandnimmt, scheint es geboten, die tiefe Unbegreiflichkeit des Rades im letzten Augenblick noch (und trotz Verkitschung) aus dem Sonnenradbild herauszulesen.

Das Bild weist aus dem Zeichen ins Bezeichnete, aus der Swastika in die Sonne. Sie ist eine glühende Scheibe, und sie kreist um die Erde. Allerdings ist nur der obere Halbkreis, jener von Aufgang bis Untergang, zu sehen, und der untere bleibt im dunklen Geheimnis. Dieses ewige und sich in allen seinen Phasen ewig wiederholende Kreisen ist völlig antiorganisch. Im Reich des Lebenden gibt es keine Räder, und nur Steine und abgeschlagene Baumstämme rollen. Und das Leben ist ein Prozeß: Es beschreibt eine Strecke von Geburt zum Tod, es ist ein Werden zum Vergehen. Aber das Sonnenrad widerspricht auch dem Tod, und nicht nur dem Leben: Es biegt den Untergang geheimnisvoll zurück in den Aufgang. Das Sonnenrad überwindet Leben und Tod, und die ganze Welt ist unter diesem Rad zu sehen, denn dieses Rad erst macht sie ersichtlich. Und sieht man sie so, dann sieht sie so aus:

Sie ist eine Szene, in welcher sich Menschen und Dinge zueinander verhalten, das heißt, ihre Stellung wechselseitig ändern. Das Sonnenrad, die kreisende Zeit, versetzt alles und jedes wieder zurück an seine ihm gebührende Stelle. Jede Bewegung ist ein Verbrechen, das Menschen und Dinge aneinander und an der ewigen kreisenden Ordnung begehen, und die Zeit kreist, um die Verbrechen zu sühnen und Menschen und Dinge wieder an die ihnen gebührende Stelle zu setzen. Daher gibt es keinen wesentlichen Unterschied zwischen Menschen und Dingen: Beide sind vom Verlangen beseelt, Unordnung zu stiften, und beide werden für ihr Vergehen von der Zeit und mit der Zeit gerichtet. Alles auf der Welt ist beseelt, denn es bewegt sich, und es muß ein Motiv haben, um sich zu bewegen. Und die Zeit ist Richter und Henker: Sie kreist in der Welt, stellt alles richtig und rädert alles. In dieser Stimmung von Schuld und Sühne und ewiger Wiederkehr, also unter dem Zeichen des Sonnenrades, hat die Menschheit die meiste Zeit ihres Daseins auf Erden gefristet.

Es hat immer Menschen gegeben, die versucht haben, sich gegen das kreisende Rad des Schicksals zu empören. Sie erreichten damit nur, das Schicksal noch mehr zu provozieren. Gerade weil Ödipus nicht mit seiner Mutter schlafen wollte, gerade deshalb tat er es und mußte sich die Augen aus dem Kopf reißen. Das nannten die Griechen »Heroismus«. Die Vorsokratiker wollten das Rad von außen her – aus der Transzendenz – überholen. Sie meinten, daß das Rad, um sich drehen zu können, selbst ein Motiv, einen Beweger haben müsse. Dieser von Aristoteles dann etwas ausgearbeitete unbewegte Beweger hinter der Zeit, dieses selbst unmotivierte Motiv ist aus dem westlichen Gottesbegriff nicht wegzudenken.

Längst vor den Vorsokratikern aber kam es in Mesopotamien zu einem ganz anders gearteten Heroismus. Man versuche, sich in einen sumerischen Priester einzuleben. Er saß auf seinem Tell und versuchte, die kreisende Räderwelt zu entziffern. Er sah Geburt, Tod und Wiedergeburt, er sah Schuld und Sühne, er sah Tag und Nacht, Sommer und Winter, Krieg und Frieden, fette und magere Jahre, und er sah, wie all diese Phasen zyklisch ineinandergreifen. Aus diesen Zyklen und Epizyklen konnte der Priester die Zukunft, zum Beispiel astrologisch, herauslesen, nicht um sie zu verhüten, sondern um sie zu prophezeien. Und plötzlich kam ihm der unerhörte Gedanke, ein Rad zu bauen, das in Gegenrichtung des Schicksalsrades kreisen könnte. Ein Rad, das, wenn in den Euphrat hineingestellt, die Gewässer umdrehen könnte, so daß sie statt ins Meer in Kanäle fließen würden. Das ist, von hier und heute aus gesagt, ein technischer Gedanke. Aber damals und dort war es ein nicht mehr nachvollziehbarer Durchbruch. Die Erfindung des Rades hat den magischen Kreis der Vorgeschichte durchbrochen, sie hat das Schicksal gebrochen. Sie hat einer neuen Zeitform, der Geschichte, das Feld aufgebrochen. Wenn irgend etwas, dann verdient die Erfindung des Wasserrads den Namen »Katastrophe«.

Der philosophische Taumel, der uns ergreift, darf uns nicht daran hindern, der weiteren Entwicklung des Rades nachzugehen. Also jenen von einem Esel gezogenen Karren ins Auge zu fassen, auf welchem Getreide in die Mühle gebracht wird. Das ist eine ganz andere Szene als jene mit dem heroischen erfinderischen Priester. Sie steht mitten in der Geschichte und ist der Industrierevolution näher als dem Mythos. Denn der Begriff des Fahrrades, jenes Rades am Karren, ist völlig dem historischen Bewußtsein zu verdanken und kann nur dort entstehen, wo historisch gelebt wird. So nämlich:

Man löse das Wasserrad von seinem Standort und gebe ihm einen Anstoß. Es müßte eigentlich eine unendlich lange Zeit einen unendlich weiten Raum durchrollen, und das eben heißt doch »Geschichte«: ein unendlich langes unendlich weites Rollen. Es stellt sich aber heraus, daß das nicht der Fall ist, sondern daß ein Motor nötig ist, der Esel, der dem Rad immer erneuten Anstoß geben muß, um es im Rollen zu halten. Wie ist zu erklären, daß ein Fahrrad ein Motorrad sein muß und kein Automobil sein kann, kein Perpetuum mobile, kein ewig Bewegtes? Der Fahrradgedanke allein kann das nicht erklären. Das Rad ist ein Kreis und daher mit seiner Bahn immer nur dank einem einzigen Punkt in Berührung. Da ein Punkt nulldimensional, ein Nichts ist, ist das Rad mit der Wirklichkeit, über die es hinwegrollt, überhaupt nicht in Berührung und sollte daher von ihr in keiner Weise beeinflußt werden. Dennoch reibt es sich tatsächlich gegen die tückische Widerlichkeit der Welt, und Esel müssen es ziehen, um es im Rollen zu halten.

Man bedenke, wie weit wir uns bei der Formulierung des Fahrradproblems von der mythischen Sonnenradwelt entfernt haben. Und der grundsätzliche Unterschied zwischen der Welt des Mythos und der unseren ist dieser: In der mythischen Welt kann es keine unmotivierte Bewegung geben. Wenn sich dort etwas bewegt, dann, weil es einen Beweggrund hat, und das heißt, weil es von einem Beweggrund beseelt ist. In unserer Welt hingegen verlangt Bewegung weitere Erklärung. Unsere Welt ist träge, oder, eleganter gesagt, das Trägheitsgesetz erklärt alle Bewegung und allen Stillstand. Allerdings gibt es auch in unserer Welt Bewegungen, die motiviert zu sein scheinen. Unsere eigenen zum Beispiel. Solche abnormalen Bewegungen charakterisieren Lebewesen. Das 18. Jahrhundert hegte die Hoffnung, die Motive von Lebewesen als Fabeln wegzuerklären und Lebewesen als komplizierte Maschinen zu erklären. Die Hoffnung hat sich nicht erfüllt, und dennoch: die Welt des Mythos ist eine beseelte Welt, alles in ihr sind Lebewesen, und sie werden vom Schicksal gerädert; und unsere ist eine träge, leblose Welt, obwohl Lebewesen darin vorkommen, und diese träge Welt rollt motivlos immer weiter.

Wie also kommt es, daß Fahrräder immer wieder stolpern? Weil ein Punkt nur theoretisch ein Nichts ist und weil ein Rad nur theoretisch ein Kreis ist. In der Praxis ist ein Punkt immer etwas ausgedehnt, und ein Kreis immer etwas unregelmäßig. Laut Trägheitsgesetz sollten Räder theoretisch ewig unendlich rollen, praktisch stoßen sie aber gegen die sie bremsende Reibung. Das aber bedeutet gerade nicht, daß wir beim Bauen von Fahrrädern auf Theorie verzichten sollten. Im Gegenteil: Es bedeutet, daß wir dabei eine Theorie der Reibung in die Trägheitstheorie einbauen müssen. Wir sind beim vom Esel gezogenen Karren mitten im Widerspruch zwischen Theorie und Beobachtung, zwischen Theorie und Experiment, also mitten im wissenschaftlichen und technischen Denken.

Die Welt ist träge und unbelebt und dabei tückisch und widerlich geworden, seit wir dank der Erfindung zuerst des

Wasserrades und dann des Fahrrades das schicksalhafte Rad der Ewigen Wiederkehr des Gleichen durchbrochen haben. Aber wir können dank der Dialektik zwischen Theorie und Experiment die widerliche Tücke der unbelebten Welt überwinden und sie zwingen, einem unbegrenzt rollenden Fortschritt als Grundlage zu dienen. Das Rad des Fortschritts kann sich nicht automatisch ewig fortbewegen, weil es gezwungen ist, die blinden unmotivierten Widerstände der unbelebten Welt, etwa Erdanziehung und Unebenheiten, immer wieder neu zu überwinden. Das Rad des Fortschritts hat einen Motor nötig, und dieser Motor sind wir selbst, unser eigener Wille. Daher der Ruf der triumphierenden Industrierevolution: »Wenn dein starker Arm es will, stehen alle Räder still«, oder: Wir sind die Lenker aller Räder, der lebende Gott des toten Universums.

Leider nicht für lange. Es stellt sich nämlich jüngst heraus, daß die widerlichen Reibungen, die das Rad des Fortschritts hemmen, tatsächlich überwunden werden können und daß der Fortschritt dann tatsächlich beginnt, automatisch zu rollen. Daß er zum Automobil wird. Dann wird jede weitere Lenkung des Rades seitens der Menschheit überflüssig. Der Fortschritt kommt dann ins Rutschen, so wie wir es bei Glatteis beobachten können. Und die Gefahr besteht, daß bei solch einem reibungslos gewordenen Fortschritt die Menschheit überfahren wird, gerade wenn sie versucht, auf die Bremsen zu treten. Eine Lage, die von hinten herum, an jene des sich gegen das Radschicksal empörenden und die eigenen Augen aus dem Kopf reißenden Ödipus erinnert. Das ist vielleicht eine Erklärung für den gegenwärtigen Versuch, die Räder abzuschalten und aus der Fahrradwelt in eine andere, noch unerfahrene hinüberzuspringen. Der vorliegende Aufsatz ist ein Versuch, vor dem Absprung aus dem reibungslos rollenden Automobil noch einmal rückwärts zu schauen, um hinter den ausgerutschten Rädern noch einmal jenes strahlende Geheimnis zu erhaschen, von dem aus diese ganze Geschichte in Bewegung gesetzt worden ist.

Töpfe

Der Herr spricht: »Ich werde die Völker wie eines Töpfers Gefäße zerschmettern.« Der vorliegende Aufsatz hat die Absicht, diese bedrohliche Prophezeiung zu interpretieren. Sie ist interpretierbar, weil sie vielsagend ist. Eindeutige Aussagen sind es nicht, an ihnen kann nicht gedeutelt werden. Der zu interpretierende Satz ist ein Bibelsatz, die Bibel ist ein vieldeutiger Text, und davon leben die Theologen. Daher steht dieser Aufsatz in einer hohen Tradition, will aber nicht unbedingt im Geiste theologischer Streitigkeiten gelesen werden.

Es gibt eine naheliegende Interpretation des zitierten Satzes: Jeder von uns hat schon mindestens einmal einen Topf, aber keiner von uns hat je ein Volk zerschmettert. Für den Herrn aber sind Völker, was für uns Töpfe sind, und Er droht, dies zu demonstrieren. Die hier versuchte Interpretation wird einen ganz anderen Standpunkt vertreten. Sie wird davon ausgehen, daß im Angesicht des Herrn Töpfe etwas anderes sind als das, wofür Köchinnen sie ansehen. Nämlich, daß im Angesicht des Herrn Töpfe eher jenen Formen gleichen, welche die Alten die »unveränderlichen Ideen« genannt haben. Davon wird hier ausgegangen werden, um die drohende Prophezeiung zu aktualisieren: »Ich werde euch mitsamt euren angeblich ewigen unveränderlichen Ideen zerschmettern.«

Töpfe werden als leere Formen angesehen werden. Das sind sie. Es geht hier nicht darum, eine schwierige Thematik auf etwas so Einfaches zu reduzieren, wie es ein Topf ist. Sondern im Gegenteil: Es geht hier darum, die »reine Form« phänomenologisch zu sehen, und dann wird sie eben als Topf gesehen. Das heißt: Die Frage nach dem Formalen wird hier nicht vereinfacht werden, sondern die Frage nach dem Topf wird immer schwieriger werden. Der Topf ist ein Gefäß, ein Werkzeug zum Erfassen und zum Behalten. Er ist ein epistemologisches (erkenntnistheoretisches) Werkzeug. Zum Beispiel: Ich nehme einen leeren Topf und halte ihn unter die Wasserleitung. Damit habe ich dem Topf Inhalt, dem Wasser

Form verliehen, und das nunmehr vom Topf informierte Wasser ist im Topf verstanden worden, statt amorph zu fließen. Das ist eine banale Tatsache, aber keine Erkenntnistheorie, und keine Theorie der Information ist ihr bisher tatsächlich gerecht geworden.

Ein Beispiel für einige damit verbundene Schwierigkeiten: Bekanntlich hatte de Gaulle »une certaine idée de la France«, obwohl er leider offengelassen hat, welche Idee von Frankreich er hatte. Ist der General etwa in einen Töpferladen gegangen und hat er dort so lange herumgesucht, bis er einen Topf gefunden hat, in den er Frankreich hineingießen konnte? Oder hat er sich einen besonders schönen Topf gekauft und dann versucht, Frankreich vorsichtig hineinzugießen? Oder aber hat er sich etwa selbst einen Topf zurechtgeknetet und dann unter die französische Wasserleitung gehalten, um Frankreich zu erfassen?

Das sind beunruhigende Fragen, denn sie betreffen nicht den General allein, sondern das ganze stolze Gebäude der Naturwissenschaften. Was tue ich, wenn ich die Naturgesetze mathematisch formuliere (mir »une certaine idée« von Naturerscheinungen mache)? Suche ich etwa so lange unter den verfügbaren Algorithmen, bis ich einen gefunden habe, in den die Erscheinung hineinpaßt? Oder suche ich mir einen besonders schönen und eleganten Algorithmus aus (zum Beispiel die Einsteinsche Gleichung) und versuche dann vorsichtig, die Erscheinungen hineinzugießen? Oder aber bastele ich mir eine Gleichung zurecht und gehe damit nach Erscheinungen fischen? Der ganze riesige Kristallpalast aus Algorithmen und Theoremen, den wir Wissenschaft nennen, steht auf Pfeilern, die aus Antworten auf derartige Fragen gebaut sind. Und diese Pfeiler wanken. Die Drohung des Herrn, die Völker wie Töpfe zu zerschmettern, gewinnt eine neue Bedeutung.

Vielleicht kann hier das Betrachten der Topferzeugung helfen? Ein Topf ist ein Hohlraum, und das hört sich negativ an. Ein Hohlraum entsteht, wenn aus einem Vollen etwas herausgeholt wird, abstrahiert wird. Etwa mit Hilfe einer Schaufel. Eine Grube ist so ein Hohlraum. Auch Töpfe kann man so machen, zum Beispiel mit dem Daumen in einen

Lehmball schaufeln. Aber wahrscheinlich ist die Töpferei auf eine ganz andere Weise erfunden worden. Zuerst hat man wohl die Finger der beiden Hände so miteinander verschränkt, daß ein Hohlraum zum Auffangen von Trinkwasser entstand. Dann hat man statt Fingern Äste verflochten, und so sind Körbe (und Gewebe überhaupt) entstanden. Da aber Körbe keine Flüssigkeit halten, hat man sie von innen mit Lehm bestrichen. Schließlich haben die Leute diese wasserdichten Körbe zufällig oder absichtlich gebrannt (wir wissen, wie Zufall und Absicht einander bedingen), und so sind die schönen ersten Töpfe mit dem schwarzen geometrischen Muster auf rotem Grund (den Spuren der verbrannten Äste) hergestellt worden.

Der Exkurs in die Technik der Keramik war nicht sehr ergiebig. Er hat ergeben, daß leere Töpfe, reine Ideen, pure Formen sowohl Abstraktionen als auch eigens hergestellte Geflechte sein können. Für einen formalen Denker (zum Beispiel einem Mathematiker) wird dadurch nicht deutlicher, woran er eigentlich engagiert ist. Ob am Flechten von Formen zum Auffangen von Erscheinungen, ob am Abstrahieren von Formen aus Erscheinungen oder ob gar an einem Spiel mit leeren Formen (mit Seifenblasen). Aber eins wird dabei dennoch deutlich: Ob geflochten oder gehöhlt, leere Töpfe können nie zerschmettert werden. Es gibt nichts an ihnen zum Zerschmettern. Zum Beispiel der leere Topf »1 + 1 = 2«: Gleichgültig ob er ein Geflecht zum Auffangen von zählbaren Dingen ist oder eine Abstraktion aus gezählten Dingen, er ist raum- und zeitlos. Es hat keinen Sinn, bei ihm zu fragen, ob er auch um vier Uhr nachmittags in Semipalatinsk wahr ist. So etwa müssen die Töpfe im Angesicht des Herrn erscheinen. Und Er will sie dennoch zerschmettern?

Schaut man sich die Welt von einem solchen Töpferstandpunkt aus an, dann sieht man hinter allen Erscheinungen und durch alle Erscheinungen hindurch jene Töpfe, die diese Erscheinungen fassen und informieren. Hinter dem Apfel die Kugel, hinter dem Baumstamm den Zylinder, hinter dem weiblichen Körper verschiedene geometrische Figuren, und jüngst auch hinter scheinbar formlosen, chaotischen Erscheinungen wie Wolken und Gesteinen die sogenannten »fraktalen« Formen. Dieser Töpferblick, diese röntgenartige Schau, für welche die Erscheinungen flüchtige Schleier sind, welche ewige Formen verbergen, heißt theoretisches Schauen. Und dieses Schauen hat heute eine neue Töpfertechnik, eine elektronische Keramik ausgebildet. Es gibt Apparate, die auf Computerschirmen aus Algorithmen gemachte leere, aber farbige Formen, die sogenannten synthetischen Bilder, aufstrahlen lassen. Wer solche Bilder sieht, der hat die leeren unzerschmetterbaren Töpfe vor sich, die sich hinter den Erscheinungen verbergen.

Wenn Pythagoras hinter der musikalischen Oktave und hinter dem Dreieck die gleiche leere Form erblickte, so war dies ein mystisches Schauen. Wenn Platon durch die Erscheinungen hindurch die ewigen Formen der Schönheit und Güte theoretisch erblickte und aus der Vergessenheit heraushob, so war dies eine Erleuchtung. Ja selbst Galilei, als er hinter den unförmigen Bewegungen der schweren Körper die einfache Formel des freien Falls erkannte, und jene anderen, als sie aus der chaotischen Menge von Stoffen die relativ einfachen chemischen Formeln ersahen, waren noch des Glaubens, den Bauplan des Herrn hinter den Erscheinungen zum Teil aufgedeckt zu haben. Aber wie ist es um jene bestellt, die an Computern sitzen, spielerisch leere Formen auf Schirmen aufleuchten lassen und dann warten, bis andere diese leeren Töpfe mit Inhalten füllen? Wie ist es um jene bestellt, die sogenannte »virtuelle Räume« entwerfen, um daraus alternative Welten zu machen? Der Herr wird sie mitsamt ihren Töpfen zerschmettern.

Die eben gebotene Interpretation der Prophezeiung ist diese: Ich werde die Völker der Computerleute, dieser Erzeuger von Töpfen, mitsamt ihren leeren Gefäßen zerschmettern. Das klingt zwar nicht sehr biblisch, dafür aber gruselig, und sollte alle Symposien über Dinge wie »Digitaler Schein«, »Cyberspace« und »Synthetische Simulation und Holographie« sotto voce begleiten. Die Prophezeiung, so interpretiert, spricht, wie dieser ganze Topfaufsatz, von der Hohlheit. Leere Töpfe sind hohle Gefäße. Ewige Ideen sind reine, hohle Gedanken. Mathematische Formeln sind hohle, inhaltslose Propositionen. Die reinste aller Ideen, die höchste aller Formen ist die Gottheit. Weil reine Ideen hohl sind, sind sie unzerschmetterbar ewig. Der Herr ist ewig. Und darauf beginnen die Computerleute, diese formalistischen Töpfer, zu kommen. Sie sind wie der Herr (sicut Deus), wenn sie leere Formen entwerfen, diese mit Möglichkeiten füllen und so alternative Welten erschaffen. Der Herr wird sie zerschmettern.

Wer »hohl« sagt, der rührt an die Wurzel. Dem Wort »hohl» entstammt das Heil und die Hölle, und im Englischen wird es sowohl »hole« als auch »whole« geschrieben. Wer »hohl« sagt, der spricht vom Ganzen. Die Wissenschaft ist schon seit längerer Zeit dank formalem Denken hinter die Erscheinungen gekommen, und sie sieht die Hohlheit (den gekrümmten Raum von einander überschneidenden Möglichkeitsfeldern) dahinter. Aber erst jüngst beginnt man, aus dieser Hohlheit heraus alternative Füllen zu komputieren. Erst jüngst hat man gelernt, worum es in der Töpferei geht: ums Herstellen von leeren Formen zum Informieren von Amorphem. Um das, was der Herr am ersten Tag der Schöpfung getan hat. Das ist der wahre Big bang: daß wir das Topfmachen endlich erlernt haben. Und die Prophezeiung sagt, Er werde uns mitsamt unseren Töpfen zerschmettern, bevor wir es Ihm gleichmachen oder sogar besser als Er machen können.

So ist es mit Interpretationen. Sie werden vorgeschlagen, um widerlegt zu werden, das heißt, um neue, ebenso widerlegbare Interpretationen zu provozieren. Dieser Schlußsatz kann als ein Stoßgebet angesichts der eben interpretierten drohenden Prophezeiung gelesen werden.

Schöpflöffel und Suppe

Nimmt man dieses Thema nicht buchstäblich, sondern metaphorisch, dann öffnen sich weite Horizonte. Das ist nicht überraschend: Wir sind ja alle auf dem Weg zum Großen Mahl, zwar nicht um zu essen, sondern um gegessen zu werden. Ein Beispiel für die in der Vorstellung und im Begriff »Löffel« schlummernden Virtualitäten: einerseits ein Großer Schöpflöffel, andererseits Die Brodelnde Suppe. Und das ist die ganze Schöpfungsgeschichte. Allerdings: In so vereinfachter Form ist sie uns wohlweislich nicht beigebracht worden. Sondern die Geschichte ist in verschiedenen Fassungen und von zahlreichen Verfassern zu uns gedrungen. Hier etwa die Volksschulfassung: Der Schöpflöffel tauchte sechsmal in die Suppe, und wir selbst haben sie auszulöffeln. Und hier etwa die philosophische Fassung: einerseits formloser Stoff, andererseits stofflose Formen, und dazwischen schöpferisches Formen des Stoffes und Stopfen der Formen. Der Name des Verfassers der ersten Fassung soll nicht umsonst in den Mund genommen werden, die zweite Fassung wird zumeist Platon zugeschrieben. Beide Fassungen, mit ihren zahllosen Variationen, waren jahrhundertelang ein wahrer Genuß, sowohl für jene, die sie immer neu faßten, als auch für jene anderen, die sie schluckten. Und selbst jene, die an ihnen würgten, ohne sie tatsächlich schlucken zu können, fanden Genuß am Kauen und am Wiederkäuen.

Heute jedoch ist die Geschichte vom Schöpflöffel ungenießbar geworden. Und dies aus zwei Gründen. Erstens nämlich, weil sich die Schöpfungsgeschichte als eine Erschöpfungsgeschichte herauszustellen beginnt. Und zweitens, weil sich herauszustellen beginnt, daß der Schöpflöffel gar nicht von oben her in die Suppe taucht, sondern aus ihr emportaucht. Die ganze Angelegenheit mit dem Löffel und dem Löffeln – eleganter gesagt: mit dem Schöpfen und dem Schaffen – muß umerzählt werden. Das ist die hier vorliegende Absicht.

Ich will bei der auszulöffelnden Suppe beginnen. Bei dem

angeblich formlosen Urstoff, dem trägen und tückischen Brei, kurz beim Chaos. Einige der Anwesenden werden sich vielleicht an die allerdings erstklassige dickflüssige Bauernsuppe erinnern. So etwa haben wir uns diese löffelbare Ursuppe vorzustellen. Und darüber schwebend, allerdings etwas weniger vorstellbar, stofflose Formen, geisterhafte Schöpflöffel, das Wehen des Schöpfens. Eine sogenannte dialektische Vorstellung also: einerseits dickflüssig und träge, andererseits hauchdünn und tätig. Ja, aber sie ist bei tieferem Einblick in die Suppe nicht aufrechtzuhalten. Sie erweist sich nämlich als Kraftbrühe, als aus vier Kräften brodelnde Brühe: aus der elektromagnetischen, der Schwerkraft, der starken und der schwachen. Nicht dickflüssig und träge ist sie, sondern dunstig und explosiv, und es hat wenig Sinn, sie »stofflich« nennen zu wollen. Man hat eher, leider Gottes, bei ihr von hauchdünn, von geisterhaft zu sprechen. Und damit ist selbstredend der ganzen dialektischen Geschichte »Stoff gegen Geist« Adieu zu sagen.

Allerdings: Gläubige, jene, die an die schöpferische Kraft des Geistes glauben, werden sich vom Auflösen des ehemaligen Stoffs in immaterielle Kraftfelder zuerst einmal nicht beeindrucken lassen. Sie werden am Löffelschöpfen festhalten, selbst wenn es dabei nur darum geht, Nebelhaftes zu löffeln. Es sind, bei diesen Festhaltern, drei Glaubensformen zu unterscheiden. Die einen glauben, daß es so etwas wie Geist gibt. Und daß dieses Etwas »ontologisch« ganz anders geartet ist als die Suppe. Sie glauben demnach, daß Schöpflöffel im Notfall auch ohne Suppe, aus dem Nichts heraus, schöpfen können. Die zweiten glauben, daß »Geist« nicht ein Etwas ist, sondern eine Verneinung von Etwas. Für sie ist der Schöpflöffel eine Negation, nicht eine Position, und er kann zum nebelhaften Feld ebenso Nein sagen wie zur ehemaligen trägen Suppe. Die dritten glauben, daß Geist die Form ist, in welcher sich überhaupt alles ereignet, und für sie ist zum Beispiel das Dreieck ebenso geistig wie etwa eine Gleichung. Für sie ist der Schöpflöffel die Art, wie alles, sei es Suppe oder Dunst, Stoff oder Feld, organisiert ist. Infolgedessen glauben die Gläubigen aller drei Glaubensvarianten, daß die gegenwärtige Auflösung der Suppe in Kraftbrühe, des Stoffs in

Felder, den Schöpflöffel unangetastet läßt, aber sie sind im Irrtum.

Die Auflösung in Kraftbrühe ist nämlich als ein Sichausdehnen der Suppe in Richtung Geist anzusehen. Wir haben uns die Kraftbrühe als eine graue Zone vorzustellen, die sich zwischen das Schwarz des Stoffes und das Weiß des Geistes geschoben hat, und die nun beides, Stoff und Geist, Suppe und Schöpflöffel, wie eine Säure in sich auflöst. Oder, um ein anderes Bild zu gebrauchen: Die Kraftbrühe ist als eine graue Zone zu sehen, an deren einem Horizont sich schwarzer Stoff kondensiert, die ehemalige Suppe, und an deren anderem Horizont sich der Hauch des Geistes verflüchtigt (von Schöpflöffel ist bei diesem Bild kaum zu sprechen). Um schließlich zu einer dritten Metapher zu greifen und die gegenwärtige Lage vorstellbar zu machen: Die Kraftbrühe, diese vier miteinander nur mühsam zu vereinbarenden Felder, kann einerseits zur Gänze als Stoff, andererseits zur Gänze als Geist angesehen werden, je nachdem, ob man beabsichtigt, Suppe zu kochen oder Schöpflöffel herzustellen. Und bei diesen beiden ineinandergreifenden Ansichten auf die Brühe geht es nicht etwa um theoretische Spekulationen: Betrachtet man die Brühe als Stoff, dann kocht man daraus zum Beispiel überschwere künstliche chemische Elemente, und betrachtet man sie als Geist, dann stellt man daraus künstliche Intelligenzen her, die mindestens ebensogut wie die natürlichen schöpfen. Es sei gestattet, ein wenig in diese graue Zone zwischen Suppe und Löffel zu tauchen, um die heranrückende immaterielle Kultur an einem, wie mir scheint, wesentlichen Zipfel zu packen.

Betrachten wir das Nervensystem und vor allem das Gehirn. Aus der ehemaligen Dialektik »Suppe : Löffel« gesehen, ist es einerseits eine außerordentlich komplexe graue Masse und andererseits ein Ort, an dem sich Vorgänge wie Wahrnehmungen, Empfindungen, Vorstellungen, Gedanken und Entscheidungen ereignen. Also ein ungemütlicher Ort für die Gläubigen, die an der schöpferischen Kraft des Geistes festhalten. Ich will diesen Ort vom Kraftbrühestandpunkt aus ansehen. Ich verstehe so gut wie nichts von Neurophysiologie. Aber diese meine Ignoranz ist für die Diskussion kein Nachteil. Ich spreche vom Gehirn, wie die Denker des Barock vom Uhrwerk und die Aufklärer von Maschinen sprachen: metaphorisch. Das Gehirn ist das Kulturmodell der Gegenwart, und sei es nur, weil es die perfekte schwarze Kiste veranschaulicht und uns zwingt, kybernetisch zu denken. Sieht man sich diese Kiste vom Kraftbrühestandpunkt aus an, dann kommt der starke Verdacht auf, daß die Neurophysiologie in Zukunft alle Psychologie abräumen wird, wie dies etwa die Astronomie mit der Astrologie getan hat. Denn die Sache sieht ungefähr so aus:

Die schwarze Kiste »Gehirn« hat einen Input: Es kommen Teilchen dort an, die entweder aus der Umwelt oder aus dem Körperinneren oder aus dem Gehirn selbst stammen. Tropfen der Kraftbrühe also. Und sie hat einen Output: unser Verhalten. Was im Inneren der schwarzen Kiste vor sich geht, ist vorläufig in ziemliches Dunkel gehüllt, aber es beginnt zu dämmern. Teilchen springen dort quantisch über die Abstände zwischen den Nervensynapsen: die Kraftbrühe brodelt. Man nennt dieses Brodeln »Prozessieren von Daten«, ohne die elektromagnetischen und chemischen Vorgänge des Brodelns durchblickt zu haben. Dessenungeachtet kann man das Brodeln in unbelebtem Stoff, zum Beispiel in Semikonduktoren simulieren. Und siehe da: Dieser Stoff beginnt zu rechnen, zu kalkulieren, logische Operationen zu vollziehen, sich zu entscheiden und andere Maschinen nach diesen seinen Entscheidungen anzuführen. Der unbelebte Stoff ist zu einem tüchtigen Schöpflöffel geworden. Und das ist nur ein zögernder Anfang. Bald wird man »nasse« künstliche Intelligenzen, nämlich aus Nervenfasern gebaute und in Nährlösungen getauchte künstliche Gehirne erzeugen. Die Frage, ob dieses gegenwärtige und künftige Zeug stofflich, geistig oder beides zugleich ist, ist eine falsch gestellte Frage. Es geht um ein Phänomen der grauen Zone.

Und die Sache geht weiter: Dieses vorläufig noch ziemlich dumme Zeug erlaubt nämlich, in die Gehirnvorgänge von außen her Einblick zu gewinnen. Vorgänge wie Entscheidungen haben dabei die Schädelschale durchbrochen und können von außen her analysiert werden. Um dann, analysiert und durchschaut, in die Schädelschale zurückgeholt zu werden. Es entsteht ein Feedback zwischen natürlichen und künstlichen Intelligenzen, dank dessen sich die beiden gegenseitig zu immer perfekteren Schöpflöffeln entwickeln. Für unsere heute noch primitiven, weil empirisch funktionierenden Gehirnprozesse, für unseren gegenwärtig noch sehr beschränkten Geist, ist es weder vorstellbar noch begreifbar, was dieses Feedback an schöpferischer Kraft noch alles wird leisten können. Aber wir können uns ein ungefähres Bild davon dank eines Gleichnisses machen: Der Unterschied zwischen einem Ochsenkarren und einem Flugzeug ist, daß der Ochsenkarren ein empirisch gebautes Fahrzeug ist und daß sich das Bauen des Flugzeugs auf Theorien stützt. So ähnlich werden sich die künftigen Schöpfungen, die auf Theorien wie jener der Entscheidung oder der Spiele beruhen werden, von unseren gegenwärtigen Werken unterscheiden.

Ja, aber an dieser Stelle gilt es, den hier aufkommen wollenden utopischen Optimismus in seine Schranken zu weisen. Sieht man nämlich einmal ab vom Menschengehirn und sieht man sich die Kraftbrühe als ein Ganzes an, dann steht man vor einer umgekehrten Schöpfungsgeschichte, nämlich vor einer Erschöpfungsgeschichte. Sie läßt sich als Volksschulfassung ungefähr so erzählen: Einmal, sagen wir vor sechzehn Milliarden Jahren, war die Kraftbrühe in einem einzigen Punkt konzentriert, und ein andermal, sagen wir nach einigen Milliarden Jahren, wird sie sich ins Leere verstreuen. Sie wird also immer dünner, nicht um dabei geistiger, sondern um immer dümmer zu werden. Denn diese ihre Streuung und Zerstreuung ist ein Auflösen aller Formen: Sie verliert alle in ihr gelagerten Informationen. Es geht also um keine sehr erbauliche, sondern um eine abbauliche Geschichte. Zwar: im Verlauf dieser ganzen dummen Geschichte entstehen zufällig immer wieder neue Informationen, und so ist vor allem auch das Menschengehirn entstanden. Aber im großen und ganzen werden alle diese zufällig emporgetauchten Informationen in den Strom in Richtung Vergessen und Auflösen wieder untertauchen müssen, auch die Menschengehirne und alles, was sie hergestellt haben. In den Zwischenstadien zwischen Punkt und Nichts sieht die Kraftbrühe vorübergehend wie eine träge und tückische

Suppe aus, und es scheinen über ihr Schöpflöffel zu schweben, aber genauer besehen sind diese Zwischenstadien nur Epizyklen auf der geradlinigen Tendenz der Brühe dem Wärmetod entgegen.

Das ist der andere Zipfel, an dem ich versuchen will, die künftige immaterielle Kultur zu packen. Das Menschengehirn ist zufällig kürzlich aus der brodelnden Kraftbrühe emporgetaucht, vor ungefähr vierzigtausend Jahren in seiner gegenwärtigen Form, und es ist zufällig so gebaut, daß es, wie ein umgestülpter Handschuh, in die Kraftbrühe hineinsieht, aus der es aufgetaucht ist. Ein Schöpflöffel, der aus Suppe gemacht ist und der die Suppe desto besser schöpft, je suppiger er selbst wird (ich gebe zu: ein etwas schiefes Gleichnis). Und dabei entsteht eine seltsame Sache: Das zufällig emporgetauchte Gehirn mit seiner zufälligen Fähigkeit, sein eigenes Emportauchen einzusehen, beginnt absichtlich zu löffeln. »Absicht« ist demnach ein wie ein Handschuh gegen sich selbst gestülpter Zufall. Und dieses Umstülpen von Zufall in Absicht geht immer weiter und tiefer, bis schließlich das Schöpfen darin besteht, absichtlich den Zufall in Absicht umzustülpen. Und das ist das theoretische Prinzip, auf dem die künftige immaterielle Kultur beruhen wird. Auf dem Prinzip des absichtlichen Hasardspiels.

Wir Menschen mit unseren Menschengehirnen waren schon seit eh und je daran engagiert, gegen den Zufall – gegen den Wärmetod, gegen den Tod überhaupt – zu spielen. Aber jetzt lernen wir, mit dem Zufall gegen den Zufall zu spielen. Das, und nicht die Tatsache, daß man künftig die erzeugten Informationen nicht mehr in materielle Objekte graben, sondern in der Kraftbrühe selbst aufbewahren wird, scheint mir das Wesentliche an der immateriellen Informationskultur zu sein, der wir entgegengehen. Im Grunde genommen ist das ja nichts Neues. Wir haben ja immer schon mit der Absicht gelöffelt, die Suppe in eine Form zu heben, um sie aufzuheben. Nur wissen wir eben jetzt auch theoretisch, was es mit dem Löffeln, dem Schöpfen, dem Schaffen auf sich hat. Daher löffeln wir besser als früher, aber wir wissen auch besser als früher, daß wir selbst dabei ausgelöffelt werden. Mahlzeit.

Florian Rötzer

Von Gesten, Dingen, Maschinen und Projektionen

In seiner 1973 nach seiner Rückkehr aus Brasilien nach Europa geschriebenen, postum erschienenen »philosophischen Autobiographie« berichtet Vilém Flusser, wie er über dem Zerbrechen der vertrauten Wirklichkeit durch den Einmarsch der Nazis in Prag und dann durch die im Exil sich verstärkende Bodenlosigkeit eine zugleich verzweifelte und »brennend interessierte Gleichgültigkeit« entdeckt habe. Umgeben vom Krieg und im Wissen, als Jude dem Tode geweiht zu sein, also in einer Situation, wo es um das nackte Überleben ging, erschien ihm schließlich die Welt nur noch als absurdes »Puppentheater«, in dem alles möglich war. Mit der Flucht zuerst nach England und schließlich nach Brasilien – in eine geographische und existentielle Randlage – hatte er alles hinter sich gelassen und die Würde dem Leben geopfert. Anders aber als der gleichfalls während des Zweiten Weltkrieges entstandene Existentialismus eines Camus oder Sartre, die nicht entwurzelt wurden, empfand Flusser eine »Begeisterung für das spielerische Zusehen«, weil alles gleichgültig war. Diese Gleichgültigkeit sei aber keine Entwertung, sondern die Erfahrung der Gleichwertigkeit von allem im Angesicht des Untergangs. So eröffnete sich ihm ein distanzierter, aber die Welt auch in ihren banalsten Dingen entdeckender Blick: »Die Nazis waren ebenso interessant wie die Ameisen, die Nuklearphysik ebenso interessant wie das englische Mittelalter, die eigene Zukunft ebenso interessant wie die Zukunft der Krebsforschung.«

In dieser phänomenologischen Perspektive zerbricht der gewohnte Kontext, in den die Welt eingebettet ist, und es lassen sich Verbindungen zwischen Dingen ziehen, die auf den ersten Blick nichts miteinander gemein haben. Wenn die Bodenlosigkeit die Hierarchien der Weltordnung und die sie stützenden Ideologien oder Weltbilder einreißt, dann stößt man überall auf etwas, anhand dessen sich philosophieren läßt; denn immer befindet man sich in einer Welt und inmitten von Dingen, die Möglichkeiten erschließen, determinieren oder verbauen. Ein solcher Blick ist nicht messianisch, auratisierend oder nostalgisch, auch wenn sich solche Stimmungen gelegentlich bei Flusser zeigen, er ist vielmehr kühl und entdeckend selbst dort, wo man den Untergang einer vertrauten Welt und den Aufgang einer neuen, noch unbekannten feststellt: für Flusser wohl die Welt einer dem Konsum und dem Geheimnislosen verpflichteten Nachgeschichte, in der die Dinge immer weniger eigenständig sind, immer schneller zum Müll werden und sich so gegen den Menschen wenden. Obgleich er seine Aufsätze auf diesen Horizont ausgerichtet hat, verhindert der Essay als Form und als Methode die Ausarbeitung einer geläufigen Theorie. Mit dem Essay lassen sich immer wieder neu und aus anderen Aspekten heraus die vielfältigen Strukturen des menschlichen Daseins erkunden, das sich im Umgang mit den Dingen zerstreut, die ständig verändert, anders wahrgenommen und mit neuen Bedeutungen aufgeladen werden. Flusser war weniger an einer Theorie im herkömmlichen Sinne interessiert, sein Denken versuchte vielmehr in diejenigen Bereiche vorzustoßen, die ihm verschlossen und dunkel bleiben, die das Geheimnis und das Absurde und so auch das Offene herausstellen, jene Bereiche also, in denen Neues entstehen kann und das Abenteuer möglich wird.

Vilém Flusser ist hierzulande als Philosoph bekanntgeworden, der den Umbruch ausgedeutet hat, den die neuen Technologien und insbesondere der Computer mit sich bringen. Aber auch hier ist sein Ansatz einer existentialistischen Phänomenologie, die zugleich Anthropologie ist, wesentlich gewesen. Die neuen Technologien und die mit ihnen verbundenen wissenschaftlichen Einsichten sind in seinem Denkuniversum allerdings nur besonders markante Symptome des Umbruchs. Die Essays des vorliegenden Buches belegen, daß sich mit der neugierigen Indifferenz auch in der übrigen Welt der Dinge Hinweise für den von ihm prognostizierten Übergang zur Nachgeschichte finden lassen. Man muß allerdings hinzufügen, daß diese Texte von Flusser bereits vor vielen Jahren geschrieben wurden, er hier den Umbruch in den damals geläufigen Vokabeln der Konsum- und Massengesellschaft noch eher als Verfall denn als Chance begriffen hat. Eine Phänomenologie der Dinge, die dem Menschen begegnen, ist der Spiegel einer Phänomenologie der Gesten, durch die sich der Mensch in der Welt entwirft. Deswegen sei hier versucht, aus der Phänomenologie der Gesten heraus das Denken Flussers ein wenig näher zu charakterisieren.

Rasieren ist weiß Gott für viele Männer eine leidige Arbeit, die sie jeden Morgen auf sich nehmen müssen, um ordentlich und kultiviert auszusehen. Daß man auch aus der Betrachtung einer solchen alltäglichen Arbeit Ansätze für eine philosophische Kulturtheorie entwickeln kann, ist eine der hervorragendsten denkerischen und zugleich im wörtlichen Sinne poetischen Leistungen Vilém Flussers. In seiner Distanz zu akademischen Ritualen der Theoretisierung vermochte er zu zeigen, daß es auch heute noch produktiv und erhellend sein kann, in phänomenologischer Manier selbst die unscheinbarsten Gesten des Menschen zu beobachten und zu analysieren. »Rasieren macht nicht das Gesicht, sondern die Haut sichtbar, und das heißt, es macht die Grenze zwischen Mensch und Welt sichtbar.« Rasieren also erzeugt einen fundamentalen Unterschied, der auch jeder Erkenntnis zugrunde liegt. So vergleicht Flusser, in einem jagenden Spiel der Assoziationen, das Rasieren mit dem Gärtnern, also mit der historisch erst spät einsetzenden Technik des Pflanzens, die nach dem Jagen und Sammeln den Zufall domestiziert und eine zeitüberdauernde, wenn auch noch immer zyklische Ordnung eingeführt hat. Schließlich wird der Rasen immer wieder gemäht, der Bart immer wieder geschnitten, das Unkraut gejätet, das Wachsende vom Autor in Form gebracht. Die Gesetze der Natur werden dabei listig der menschlichen Absicht unterworfen, auch wenn sie sich noch innerhalb von deren Grenzen bewegen und die Kultur, selbst ein Begriff aus dem landwirtschaftlichen Bereich, stetig neu der Natur, dem Selbstwachsenden, abgerungen werden muß. Beim Rasieren und Gärtnern geht es um ein bestimmtes Verhältnis des Menschen zum Kosmos und zu sich selbst. Wenn der Mensch sich durch Kulturtechniken verändert, verändert er auch sein Verhältnis zur Natur, wenn er in diese eingreift, wird auch sein Selbstverständnis anders: Der Mensch stellt sich durch seine Werkzeuge selber her und in den Dingen findet er sich.

Seit dem Beginn der Landwirtschaft lebt der Mensch in einer künstlichen Wirklichkeit, die nun bald die ganze Erdoberfläche umfassen wird. Selbst die Biotope zeugen nun davon, daß Kultur auch die Geste der Schonung integriert hat, denn auch das Wildwachsende wird als solches kultiviert. Der Gärtner und Pflanzer, d. h. der Bauer fällt die Wälder um der Kultur willen, er macht Geschichte, wenn er das Dickicht zerstört und zu mähen beginnt. Was aber ist, wenn heute von Ökologen, von »Programmierern der Relationen«, wie Flusser sie nennt, wieder Wälder gepflanzt werden? Und was hat das mit dem Rasieren zu tun? Sich nicht zu rasieren, heißt, den Unterschied zwischen Ich und Welt wieder einzuebnen, während die Mäher des Bartes, der Wälder und des Rasens kosmetisch, der Mode verhaftet und daher modern vorgehen, wenn die Geste des Rationalisierens modern genannt werden kann, »trennende Strukturen«, also auch Dualismen aufrechtzuerhalten. Man sei zwar nicht unbedingt faschistoider Ordnungsfanatiker, wenn man glattrasiert ist, doch umgekehrt ist ein Faschist mit Vollbart nicht recht vorstellbar.

Flusser, selber ein Barttragender, hegte die Hoffnung, daß die kosmetische Geste des Abrasierens, und damit die Moderne mitsamt ihrer Vorstellung von einer linearen Geschichte, dem Ende entgegengeht. Was dann kommt, läßt sich nur erahnen, denn Flusser war in keiner Weise ein Naturromantiker. Was dann wächst, würde nicht mehr aus der Natur, sondern aus der Technik stammen, die dem Menschen in ungeahntem Ausmaß dazu verhilft, neue Möglichkeiten zu realisieren, und die gleichzeitig die einstige Wirklichkeit vermöglicht. Die Welt des Möglichen wird nicht mehr beherrscht von der Geschichte, sondern von Entwürfen und Projektionen, die grundlos sind, sie wird auch nicht mehr beherrscht von Dichotomien wie Natur und Kultur oder Realem und Imaginärem, weil dann, wenn alles erzeugt wird, die erzeugten Welten lediglich nach relationalen Kategorien beurteilt werden können, die in Abhängigkeit zu ihrem Erzeuger stehen. Nicht mehr wahr und real, sondern beispielsweise die steigerbaren Kriterien des Wahrscheinlichen, des Konkreten, des Interessanten oder Schönen wären für die Software-Welt der Computer, der Gen- und Nanotechnologie angemessen, in der, so glaubte Flusser unerbittlich, fast alles möglich wäre, in der die Unterscheidung zwischen Bildern und materieller Wirklichkeit zum Anachronismus würde, in der die eine Welt in eine Vielzahl von möglichen, d. h. herstellbaren Welten implodiert. Flussers ambivalentes Vorbild für den neuen, in Synergie mit den Maschinen stehenden Menschen war denn auch der telematische Dauerorgiastiker, der, unabhängig von Zeit und Raum und immer weniger durch seinen Körper an die Erde gebunden, mit Bildern musiziert, die desto besser seien, je unwahrscheinlicher und überraschender sie sind. Wahrheit wird ästhetisch.

Was das meint, läßt sich an seiner Phänomenologie der Gesten verdeutlichen. Die eigentlichen Revolutionen, so Flusser, gehen immer von neuen Techniken aus. Sie erweitern, verändern oder verengen den Handlungsbereich des Menschen, der wesentlich durch Gesten charakterisiert ist. Gesten sind ganz allgemein die Bewegungen eines Körpers, oft verbunden mit einem Werkzeug. Gesten haben Bedeutung, sie schreiben sich in das kommunikative Universum der Menschen ein und füllen es mit Sinn. Vor allem aber sind sie durch eine Eigenschaft ausgezeichnet: Sie unterlaufen die Dichotomie von Geist und Körper, weil sie Ausdruck eines vergeistigten Körpers oder eines verkörperten Geistes sind. Wir machen keine Gesten, wir sind Gesten. Als wesentlich nicht nur automatisch reagierende, in Ursache-Wirkungs-Verhältnisse eingepaßte Wesen sind wir frei, selbst wenn wir unsere Gesten stereotyp ausführen und sie aus Gewohnheit ohne Bedeutung zu sein scheinen. Läßt sich hinlänglich erklären, warum jemand malt, photographiert oder Pfeife raucht? Anstatt Pfeife zu rauchen, könnte man auch Fingernägel kauen, anstatt zu photographieren, könnte man auch auf die Jagd gehen. Ähnlich wie für Sartre entspringt für Flusser die individuelle oder kulturelle Wahl einer Geste einer Entscheidung, die in vieler Hinsicht ästhetisch zu nennen ist, weil sie einen Stil des Lebens entwirft, der nicht notwendig ist, durch den sich aber der Mensch oder eine Gesellschaft »auslebt« und in dem er bzw. sie sich (er)findet. Die Beschreibung von Gesten ist daher eine Möglichkeit, jene Formen herauszuarbeiten, wie Menschen in der Welt existieren, wie sie sich und die Welt konstruieren.

Besonders eindrucksvoll war es, wie der Pfeifenraucher Flusser die zwar profane, dennoch aber rituelle Geste des Pfeifenrauchens zu einer Theorie der Religion aus dem Geist der Kunst entwickelt. An diesem Beispiel stellt er das ästhetische Vergnügen an stereotypen Handlungen heraus, die freiwillig und absichtslos ausgeführt werden und ein »künstlerisches Leben« dokumentieren. Ebendiesen Aspekt habe man seit der Neuzeit verdrängt, in der die Kunst zu einer schöpferischen Arbeit geworden sei, die in einem Werk münden müsse, das anderen etwas mitteilt. Die individuellen Abweichungen hingegen innerhalb des Modells des Pfeiferauchens lassen einen Stil entstehen, wie man ihn auch in magischen Ritualen findet, die zunächst gleichfalls nur Vergnügen bereiten und im strengen Sinne sinnlos sind, auch wenn sie, anders als das Pfeiferauchen, den ganzen Menschen ergreifen und in die Ekstase werfen: »Beobachtet man nämlich, wie Pfeife, Tabak und Rauchwerkzeuge manipuliert werden, mit welcher Andacht die einzelnen Handlungen ausgeführt werden und wie dem Raucher dabei ständig die Absurdität dieser Handlungen bewußt ist, dann fühlt man, daß man sich am äußersten Rand dessen bewegt, was mit religiösem Erleben gemeint ist. Ein kleiner Schritt würde genügen, um über den Rand zu treten und in den Abgrund zu stürzen, ein kleiner Schritt, so wie er bei einer Teezeremonie oder, noch besser, beim Pfeiferauchen während der Umbandazeremonie getan wird.«

In seinen Büchern breitet Flusser das Pluriversum der Gesten und Dinge, der Techniken und Produkte aus. Dabei erweist er sich als ein Denker, der radikal von eigenen Wahrnehmungen und von der eigenen Sprache ausgeht, was heute selten geworden ist und was man über ihn wieder entdecken kann, wozu man sich durch seine Schriften anstiften lassen sollte. Auch denken kann man nicht, ohne Gesten zu machen. Das Denken in actu als Schrift oder als Sprache wird gegen deren Widerstände und Verführungen ebenso wie das Kunstmachen gegen die Mechanismen der Techniken realisiert. Im Spiel mit diesen Widerständen entfaltet sich erst das Auszudrückende, wobei der Autor oft von dem, was erst im Verlauf des Schreibens oder Sprechens sich entwickelt, überrascht wird. So besitzt auch jedes Denken durch die Art, wie es durch Irrititationen und Widerstände seine Drift findet, seinen Stil. Und derjenige von Flusser ist eben der, den er auch von seinen Lesern erwartet: irgendwo anzufangen, sich in den Prozeß des Denkens über seine Gegenstände zu verwickeln und dann zu sehen, wo das endet. Das geht natürlich ähnlich der informellen Malerei manchmal gut und reißt einen mit, manchmal gelingt es auch nicht so überzeugend.

Wo es in deutschsprachigen Ländern nur irgendwie um die Deutung der durch die neuen Medien und wissenschaftlichen Erkenntnisse entstehenden kulturellen Veränderungen ging, war der Philosoph Vilém Flusser, ein glänzender Redner mit humanistischem und auch religiösem Hintergrund, präsent. Er wollte nicht die Risiken, sondern das Abenteuerliche herausstellen, auch die Chancen eines neuen Zeitalters, in das wir uns Zug um Zug hineinbewegen. Was ihn vor allem auszeichnete, war sein phänomenologischer Ansatz, mit dem er versuchte, jede Technik als Ausdrucksform oder als Erfindung einer menschlichen Geste zu beschreiben, die einzeln oder zusammen ein Weltbild konstituieren. Überzeugt davon, daß die Computertechnik einen epochalen Bruch markiert, vergleichbar demjenigen, den die Erfindung der Schrift mit sich brachte, glaubte er, daß sich ein neues Bilddenken aus der mathematischen Abstraktion heraus entwickelt, die die Schrift und deren Welt der Kritik und Aufklärung hinter sich läßt. In vielen Ansätzen, die weniger aufeinander aufbauen, denn immer neu entworfen wurden, hat er versucht zu zeigen, wie besonders die Bildmaschinen, der Fotoapparat, das Video und das computergenerierte Bild, als philosophische Erkenntnismethoden zu deuten sind. Der Titel seines Buches *Für eine Philosophie der Photographie* macht dies nicht ganz deutlich, denn es geht darum, das Photographieren selbst als philosophischen Akt bei der Wahl eines Gegenstandes, bei dessen Manipulation mit der damit einhergehenden Reflexion und schließlich bei der Belichtung zu verstehen, wobei er, ganz relational, davon ausgeht, daß der Photograph und die Mechanismen der Maschine eine Einheit bilden. Neu schon an der Photokamera gegenüber etwa der Malerei ist der Umstand, daß damit die Szene nicht eine Idee repräsentieren muß, sondern daß die Szene sich selber präsentiert. Dabei wird aber deutlich, daß der Photograph einerseits über die Macht verfügt, die vierdimensionale Welt in eine zweidimensionale, der Filmer in eine dreidimensionale zu überführen, seine Freiheitsgrade aber durch den Mechanismus beschränkt werden, der andererseits aber neue Möglichkeiten freisetzt. Weil der Photoapparat bereits im Ansatz eine »intelligente« Maschine ist, insofern er das Bildermachen automatisiert, weist er schon darauf hin, daß der Mensch sich von der Arbeit befreit und zum Spieler werden kann.

Am Photoapparat wie an anderen Maschinen hebt Flusser hervor, daß es ein Diesseits der Maschinen nicht mehr gibt und daß der »Apparat« sowie die operationelle Rationalität zu unserem Schicksal geworden sind. Die Forderung nach der Befreiung von der Maschine könne heute nichts anderes mehr bedeuten, als sich zur Unzulänglichkeit zu bekennen, während die Befreiung durch die Maschinen zu einem konsumistischen Leben führe: »Wo der Apparat sich installiert, bleibt nichts mehr übrig als zu funktionieren.« Die Welt wird dann nicht mehr im Hinblick auf bestimmte Ziele verändert, das Funktionieren geschieht um seiner selbst willen – als l'art pour l'art. Der Apparat verwirklicht ein nachgeschichtliches Leben ohne Arbeit, ohne Utopie und so auch ohne Bedeutung, weil nur noch die Bedeutungen, die Informationen umgewandelt werden.

Dennoch sind Photographie und Film, die bewegte Photographie, noch eine Technik der Repräsentation, auch wenn die Photographen gegen den Apparat, gegen seine Vergegenständlichung ankämpfen. Sie suggeriert, ein Außen zu präsentieren, ein Objekt zu bezeugen, irgendwie objektiv zu sein, während computergenerierte Bilder ein anderes Erkenntnismodell vorschlagen. Verstanden als Paradigma für unser Verhältnis zur Welt, repräsentieren oder bezeugen computergenerierte Bilder nicht etwas in der Welt, sie sind einzig visuelle Übersetzungen von an sich bedeutungslosen und indifferenten Kalkülen, die zu Gestalten projiziert werden und die natürlich auch ganz anders komputiert werden könnten: Die Welt, ganz gleich ob die virtuelle oder die sogenannte reale, ist ein Traum, eine Oberfläche, ein Bildschirm, der von uns beliebig gestaltet werden kann, wenn wir Zugang zur Tiefenschicht der Bits, Pixel, Gene oder Elementarteilchen besitzen. Und uns darauf vorzubereiten, in dieser soften, aber gleichwohl von Techniken und Wissenschaften regierten Welt zu leben und zu denken, verstand Flusser als seine Aufgabe.

Hat man den Schritt vom linearen, kritischen, erklärenden zum Bilddenken vollzogen, das sich bewußt ist zu projizieren und das sich von jeder Bezugnahme auf Objektivität gelöst hat, so muß man auch anders schreiben. Theoriefiktionen, wie sie Flusser in *Angenommen* und im *Vampyrotheutis infernalis* vorgeführt hat, sind solche neue Schreibweisen des Übergangs, von denen Flusser hoffte, daß sie sich auch tatsächlich in Bilder übersetzen lassen, die man dichter packen kann als einen Diskurs. In Bildern denken, heißt, daß man Relationen wie in einer mathematischen Formel gleichzeitig übereinanderschichten kann, daß man der Falle der Grammatik entkommt.

Doch ganz glaubte Flusser nicht an die von jeder Arbeit befreite Geste des projizierenden und bodenlosen Spielers. Wenn in der »Geste des Suchens« sich die operative Rationalität mit der modernen wissenschaftlichen Erkundung verbindet, dann kritisiert er doch entgegen der fatalistischen Affirmation des Apparats die wissenschaftliche Geste einer reinen, ethisch und ästhetisch neutralen Erkundung, weil sie unmenschlich und »erschwindelt« sei. Wir sind heute, um überleben zu können, dazu gezwungen, die Welt nicht mehr als Objekt und den Menschen als manipulierendes Subjekt, sondern die Welt als Umwelt für den in ihr befindlichen Menschen zu begreifen. Wir müssen von der Exo- zur Endoperspektive übergehen. Überraschenderweise sind für Flusser gerade die Teletechnologien ein Indiz für die anstehende »Revolutionierung des Interesses«, weil sie die Ferne heranholen und die Nähe, also das Gegenteil der Distanziertheit, als Wert zum Ausdruck bringen. Es werde offensichtlich, »daß der Forscher in einer Umwelt eingebettet ist, die ihn von nahem und aus der Ferne interessiert. Es gibt Aspekte der Umwelt, die ihn lebhaft interessieren, und andere, die ihn fast gar nicht berühren. Je mehr ein Aspekt den Forscher interessiert, desto ›wirklicher‹ ist er für ihn. Die Intensität des Interesses, die ›Nähe‹ wird zum Maß des Wirklichen.« Die Nähe, die Proxemik, existentialisiert also selbst die Forschung. Und aus ihr entsteht für Flusser auch eine neue Ethik der Nächstenliebe im elektronischen und telematischen Zeitalter – als ein Netz von Verantwortlichkeiten, das über alle lokalen Bindungen hinweg die Erde umspannt, das aber konkret ist, was auch heißt: partiell. Und so wird der Mensch nicht nur durch die Gesten und Dinge vervielfältigt, sondern es zerfällt auch die Welt in Erkenntnisfragmente und Weltbilder, die in die Leere hinausprojiziert werden und Neues entstehen lassen. Auch das ist Nachgeschichte, denn solche Entwürfe realisieren keinen Sinn, der von der Vergangenheit in die Zukunft weist, sondern sie entstehen aus einer Leere und Bodenlosigkeit heraus, die immer wieder neu entdeckt und verstellt wird. Diese eigentlich menschliche Fähigkeit der Projektion von Sinn in ein absurdes Universum weder durch den Abfall noch durch falsche Vererdungen zu lähmen, sondern sie auch in ihren destruktiven Eigenschaften offenzuhalten und zu akzeptieren, war das zentrale Motiv seines Denkens und seiner existentialistischen Phänomenologie.

Bei Fragen zur Produktsicherheit wenden
Sie sich bitte an den Carl Hanser Verlag:
Vilshofener Straße 10, 81679 München
info@hanser.de